Libera tus miedos e inseguridades y conviértelos en
FUERZA, PODER Y LIBERTAD

Debbie Ford

Coraje

Libera tus miedos e inseguridades y conviértelos en
FUERZA, PODER Y LIBERTAD

Prólogo del Doctor Wayne Dyer

AGUILAR

FONTANAR

Título original: *Courage*
Copyright © 2012, Debbie Ford
Publicado originalmente por Harper One, de Harper Collins.

De esta edición:
D. R. © Santillana Ediciones Generales, S.A. de C.V., 2012.
Av. Río Mixcoac 274, Col. Acacias.
México, 03240, D.F. Teléfono (55) 54 20 75 30

Traducción al español: Alejandra Ramos, 2012
Diseño de cubierta: Luis Sánchez Carvajal
Diseño de interiores: Antonio Mendoza

Primera edición: septiembre de 2012.
ISBN: 978-607-11-2083-0

Impreso en México

Dedicado a todas las mujeres osadas del mundo
y a todas aquellas dispuestas a correr el riesgo
de entregarse a su Yo más valeroso.

Y a mi extraordinaria hermana,
Arielle Ford, cuyo valor y confianza
me han inspirado siempre.

desencadenado

tal vez nunca sabremos
cómo asimos
todo lo posible
o cómo la luz nos alcanza
cuando nos quedamos sin aliento

es señal de curación
el volver a sentir

el verdadero logro
sólo surge
del rompimiento del corazón

el que sufre
sana
y nos recuerda
que siempre es el principio
y luego, principio otra vez

aunque el oleaje me embate
confío que la arena
pulirá mis bordes
y disolverá la negación
revelará mi verdad mientras
el coraje y la confianza
encienden mi corazón

contracción y expansión
permiten que se cuele la luz
y la inmovilidad
tras tantas diatribas
deja al cuerpo liberar
al dolor
cuando la libertad inunda
las sombras pueden persistir
conocer al mar
mientras haces alquimia en la oscuridad
y recuerdas
que siempre tienes
la fuerza para elegir
cómo jugar

las nubes revelan el panorama
cuando estás listo para escalar
ha llegado el momento de observar
los milagrosos momentos
de tu vida
tal como son ahora

ésta es
la creación
de mi ser
y caminaremos
con valor
hacia el amanecer
desde la noche
brillará nuestra luz
la de todos

Nancy Levin, autora de *Writing for My Life*

Índice

PARTE I
Un nuevo paradigma

PARTE II
Múdate de la cabeza al corazón
Los códigos de la valerosa guerrera

Prólogo

En esta intuitiva obra, mi amiga y colega Debbie Ford logró delinear con detalle un mapa muy inspirador y práctico para vivir con coraje, con valor. A medida que vayas pasando las hojas descubrirás, capítulo a capítulo, su desconcertante franqueza; además, Debbie ciertamente tiene bien cubiertos los rudimentos; entre las pastas del libro que sostienes en las manos, se describe con precisión todo lo que necesitas para empezar a vivir con confianza y seguridad en ti misma.

Debbie escribe con elocuencia acerca de su transformación personal, de cómo dejó de manejar con miedo los asuntos de su vida, para convertirse en una mujer llena de coraje. Esta autora no se calla ni guarda nada; de hecho, me sorprendió gratamente ver que los ataques que ahora lanza, son precisamente contra aquella aterrada mujer que solía ser y, cuando habla al respecto, es para beneficiarte de que ella alguna vez fue una timorata. Creo que no hay nada más que yo pueda añadir a esta introducción para el libro de Debbie, ya que ella describe un plan que incluye todos los pormenores para tener una vida valiente. A medida que leas y absorbas sus valiosas sugerencias, descubrirás que te conviertes en una persona mejor preparada para lidiar con todos los desafíos de la vida, y hacerlo desde una nueva y más sólida posición de confianza y de valor en ti misma.

Sin embargo, me gustaría mencionar brevemente la forma en que la misma Debbie Ford aplica su concepto del coraje. Al leer el libro me asombró ver lo dispuesta que estaba a correr riesgos. En estas páginas dejó fluir todo con libertad, literalmente. Aquí muestra un coraje que muy pocos autores están dispuestos a aplicar, en particular, autores reconocidos. Por décadas les he dicho a los lectores que, si quieren ir más allá de su vida ordinaria, deben estar dispuestos a modificar el concepto que tienen de sí mismos; para ello deben entender bien que a dicho concepto lo conforma todo lo que aceptan como válido. Por lo tanto, si llevan una vida normal, si no pueden creer que tienen un propósito divino y personal, entonces deben comprender que sus verdades interiores los han conducido a ese lugar común de una existencia que no es plena. Para elevar tu existencia es necesario cambiar el concepto que tienes de ti misma, lo cual significa modificar lo que antes creías que era verdad.

Lo anterior exige un tipo de coraje que muy pocas personas poseen o están dispuestas a mostrar. Decir: "Lo que alguna vez creí una verdad fundamental ahora me parece solamente una idea mal entendida", implica desvincularte de tu historia personal. Para cambiar tu comportamiento actual y aceptar nuevas reglas, es necesario admitir que las viejas verdades eran, finalmente, mentiras: mentiras que perpetuaron un estilo de vida que te condujo al desastre de una u otra manera. Este acto de aceptar que las creencias de tu pasado eran falsas y adoptar verdades nuevas, es un acto de valor, en particular en el caso de una consumada escritora y persona pública, como lo es la autora del libro que estás a punto de leer. Eso fue precisamente lo que hizo Debbie Ford en este texto tan valioso. Aquí no sólo modificó el concepto que tenía de sí misma y adoptó nuevas verdades: también diseñó un plano para que tú puedas hacerlo. Su valor se sustenta en su absoluta honestidad.

Ese coraje pude observarlo desde un punto de vista muy personal y privilegiado hace poco en el Omega Institute de

Nueva York. Debbie y yo hemos tenido la oportunidad de mirar hacia nosotros mismos, conectarnos con nuestros divinos Yo superiores (y con el Dios en nuestro interior), y asumir nuestro papel como maestros de verdades espirituales para quienes leen nuestros libros y escuchan nuestra palabra. Debbie se hospedó en una cabaña contigua a la que compartí con Mira, mi pareja espiritual, cuando nos reunimos con el místico maestro Juan de Dios que nos visitó desde Brasil y nos proporcionó su divina intervención curativa. Todos los días estuvimos junto a la cabaña de Debbie mientras ella se recuperaba en cama de una cirugía espiritual. Ambos observamos el impresionante valor que tuvo su cuerpo al soportar la divina intervención de Juan de Dios para retirar el daño perpetrado por un peculiar cáncer.

Debbie jamás se quejó. Siempre estuvo agradecida por cada momento de su vida a pesar de que la incomodidad era evidente. Siempre estuvo dispuesta a ser honesta respecto a la larga batalla que libró contra ese cáncer que la obligó a mantenerse en un segundo plano, temerosa de que las opiniones y las proyecciones de la gente la abrumaran. Pero no ahora. Remplazó los temores con un amor celestial, producto de su coraje para ser ella misma y atesorar su propia magnificencia. Estuvimos al pie de su cama como si fuéramos uno solo, y observamos a esa hermosa mujer poner en práctica lo que después escribió en este libro con tanto fervor y de forma tan exhaustiva. Todo resumido en el viejo dicho: "El miedo tocó la puerta, el amor abrió y el miedo desapareció".

Aprovecha los sabios consejos de Debbie. Libérate de esas viejas verdades que sólo son engaños. Aquí está tu nueva verdad. Dios mora en tu interior. Trata de habitar ese lugar y todo estará bien. Eso es coraje. Amo este libro, me encanta la forma en que fue escrito y, sobre todo, te amo a ti, Debbie Ford, porque me inspiras.

Wayne Dyer

Carta al lector

El 24 de septiembre de 2010 yo aún no sabía que estaba a punto de comenzar un viaje al infierno, un viaje que jamás me habría podido imaginar. Solía pensar que era una mujer fuerte y valerosa, confiada para enfrentar cualquier obstáculo que apareciera en mi camino. Cuando tuve veintitantos luché contra la adicción, a los treinta y tantos superé un divorcio que me rompió el corazón y a los cuarenta y tantos, sobreviví a una traición devastadora. Estaba segura de que después de cumplir cincuenta todo sería miel sobre hojuelas. Además, no sólo sobreviví a aquellos sucesos traumáticos, también tuve el privilegio de aprovechar mi experiencia para ayudar a otros a salir adelante.

Todo comenzó tras varios días esperando que mi médico diera su autorización para realizar un viaje a Estambul, Turquía. Ahí tomaría una semana de vacaciones antes de llevar a cabo una gira en Europa como oradora. Sin embargo, no me dieron luz verde. El doctor Paul Speckart, quien siempre me había dicho que yo poseía más valor que sentido común, tenía miedo de que no tomara la decisión correcta. Me dijo que si me subía a un avión, en cualquier lugar que aterrizara me detendrían y me llevarían a un hospital. Yo tenía un compromiso que cumplir con mis amigos Leinia y Stephen; viajaríamos en barco por el Mar Egeo, y luego daríamos conferencias en Copenhague y Holanda. Me angustiaba mucho no poder cumplir.

Ahora que lo veo en perspectiva, creo que debí lucir muy alarmada porque en los ojos de mi doctor se notaba la preocupación, pero no lo estaba. En realidad me creía invencible; sentía que estaría bien aunque nadie más fuera capaz de comprenderlo. Según yo, sólo había ido a ver al médico para una consulta de rutina por una neumonía atípica, la cual yo suponía un resfriado persistente. Cuando me dijeron que debía hospitalizarme, no comprendí bien la gravedad de la situación. Me enfadé mucho por toda la presión que ejercieron los doctores y mi familia; de muy mal humor dejé que mi madre me llevara al hospital; me ingresaron por lo que, supuestamente, serían sólo algunos días.

En menos de veinticuatro horas ya estaba en el quirófano, asombrada de que me entubaran para sacarme casi cuatro litros de líquido de mis pulmones. Incluso en cama, después de la cirugía, me costaba trabajo entender que eso estuviera sucediendo. ¿Cómo un sencillo resfriado pudo causar tantos estragos en mi sistema? Era inexplicable que la miríada de doctores que entraban y salían de la habitación y revisaban mi expediente, se vieran tan preocupados. ¿Por qué, si se suponía que debía sentirme mejor, empeoraba minuto a minuto? ¿Por qué estaba cada día más débil? ¿Acaso porque, a pesar de mi enorme esfuerzo por negar, evitar y reprimir, era inevitable admitir que tenía cáncer?

En 2001 los doctores descubrieron un tumor del tamaño de un melón en mi abdomen y lo extirparon. Me dijeron que era maligno pero estaba "encapsulado"; ello significaba que, al extirparlo, también me había librado del cáncer. Así que ya no había nada más por hacer, excepto acudir cada año para asegurarme de que el tumor no hubiese vuelto. A pesar de que me hablaron del tema infinidad de veces, yo nunca consideré que pudiera volver o, siquiera, que hubiera sido cáncer. Cada vez que llenaba una forma médica, dejaba el cuadro de "Cáncer" en blanco. Cuatro años y medio después, tras una revisión anual, el doctor me llamó y dijo: "Quiero que levantes tu brazo izquierdo y toques la axila. Hay un tumor creciendo ahí, y tres más en otros sitios: uno en el bazo y dos en el abdomen". Me fue imposible comprender que los tumores habían vuelto, por lo que sólo se lo comenté a la gente que conocía mi secreto, y apenas como si se tratara de una nimiedad. A pesar de restarle importancia al hecho de que tenía cáncer, estuve en contacto con varios curadores. Mi amigo Deepak Chopra me envió a ver al doctor Daniel Vicario, un oncólogo sagrado. Él oró conmigo, me recetó medicinas que no tomé y me dio planes de tratamiento que no seguí. En unos días que tuve libres volé con Deepak y el doctor David Simon al Instituto Dana-Farber para el Cáncer, y ahí hablé con otros expertos acerca de esos raros tumores sobre los que nadie parecía saber algo. Como no me gustó lo que me dijeron los especialistas de ahí, ni las medicinas que me recomendaron, volé sola a MD Anderson, otro importante centro para tratamiento de cáncer. Pero luego me fui de ahí porque todavía tenía la cabeza llena de cabello y, como de todos modos la quimioterapia no me funcionaba, no me pareció que me viera tan enferma como otras personas.

En el fondo sabía que debía estar preocupada y mi salud era lo más importante, pero fue algo que nunca sentí del todo. En realidad nunca lo comprendí. De niña sufrí varias enfermedades y, de hecho, me conocían como la pequeña y flaca "enfermina", la debilucha de cuarenta y cinco kilos. En cambio, mi hermano y mi hermana fueron niños fuertes y musculosos. En algún momento, al principio de mi adolescencia, decidí que jamás volvería a enfermarme, así que, excepto por mi familia algunos familiares cercanos y compañeros de trabajo, nadie sabía que sufría del raro sarcoma de tejidos blandos; el Solitario tumor fibroso (hemangiopericitoma). Yo misma no lo aceptaba, y me encontraba todavía en esa etapa de negación en la que "Ni siquiera yo me doy cuenta de que miento". Asimismo, cada año que pasaba, me encargaba de apartar la situación de mi mente más y más.

Los doctores le dijeron a Julie, mi asistente —quien estaba ahora conmigo en el hospital— que el fluido en las cavidades de mi pecho y el tumor en las paredes del mismo, habían devorado varias costillas y ocasionado que uno de los pulmones colapsara, lo cual contribuyó a la neumonía padecida al principio. A pesar de que no podían explicar la presencia del fluido que drenaron del pecho, la teoría preponderante era que del tumor manaba líquido hacia la cavidad del pecho. Así que, aunque fue la neumonía lo que me llevó al hospital, el cáncer era lo que no me dejaba salir de ahí. Debido a que mi oncólogo estaba demasiado lejos para ir a verme, Dan Bressler, el padre de mi hijo Beau, y reconocido internista, me instó a reunirme con la oncóloga más brillante que se acababa de integrar al personal: la doctora Marin Xavier. Cuando la conocí me pareció inteligente y positiva; además de tener una preocupación genuina, estaba preparada para librar aquella batalla a mi lado. Me prometió que se aseguraría de desarrollar un plan de ataque para aquella incurable y peculiar forma de cáncer.

Hacia el final de mi estancia en el hospital me visitó un doctor de cuidados paliativos, es decir, un especialista en aliviar y prevenir el sufrimiento de los pacientes. Ese doctor me identificó como paciente moribunda. Dijo que sólo ofrecía cuidado a enfermos terminales. Lo miré como si estuviera loco porque yo había ingresado al hospital por neumonía y seguía creyendo que no tenía nada que ver con el cáncer. Miré a mi asistente como preguntándole: "¿Este hombre está chiflado?" El doctor sabía que yo estaba a favor del pensamiento positivo, pero alguien debía hablarme con la verdad. Quería saber si ya había conversado con mi hijo, con mi precioso Beau, y si él estaba preparado para separarse de mí. El doctor creía, sin duda alguna, que moriría en cuestión de semanas, o en un mes, por mucho. Continuó hablando hasta que levanté la mano y le dije: "No pienso tener esta conversación con usted. ¿Quién es para decirme cuánto voy a vivir? ¿Es usted Dios? Su expresión cambió por completo y me dijo que me encontraba en actitud negativa. Entonces le repetí: "No estoy interesada en hablar con usted". Cuando se fue le pregunté a Julie, quien estaba cuidándome en la habitación: "¿Me voy a morir?" Entonces pensé, "¡Nadie me lo dijo!" Luego llamé a mi ex esposo y le pregunté si pensaba que moriría. Me contestó: "Todos vamos a morir, Debbie, la cuestión es cuándo". Entonces le pregunté si él creía que sucedería pronto, y me dijo, "No". Cuando colgué el teléfono le pedí a Julie que llamara a la doctora Xavier, mi nueva amiga, y le pregunté: "¿Crees que voy a morir? Este individuo me acaba de decir que debo ir a cuidados para pacientes terminales y prepararme para morir". Y ella dijo: "En absoluto".

Te comparto esta anécdota porque finalmente comprendo que la negación ya no es una vía válida. El universo ha estado tratando de abrirme los ojos y obligarme a prestar atención a mi salud y mi vida.

Seguí en el hospital y llegó un momento en que ya no podía caminar debido al cansancio y la debilidad extremos. De pronto me encontré de nuevo en mi yo de diez años, excepto por el amor y la gentileza que me ofrecieron aquellas palabras de sabiduría que tanto necesitaba. A pesar del amor en mi camino, las voces de mi cabeza continuaban arrastrándome.

En cuanto recobré la fortaleza pude dar una plática en una de las sucursales de Hay House. La conferencia se llamó "¡Puedo hacerlo!" Y me sentí increíble. Estando ahí me encontré con Wayne Dyer, a quien sólo conocía un poco. Sin embargo, un amigo mutuo me recomendó hablar con él, por lo que caminé hasta donde se encontraba. Él volteó a verme con los ojos más santos y amorosos que jamás he visto. Me dio un cálido y conmovedor abrazo, y dijo: "Quiero compartir algunas cosas contigo".

Wayne compartió conmigo la experiencia que había tenido al estar con Juan de Dios, un poderoso curador y médium brasileño, y la vivencia que tuvo al abrir su corazón. Decidimos ir juntos al Omega Institute y vivir la presencia de Juan de Dios. Fue en ese maravilloso fin de semana que fui tocada por Wayne Dyer y aquel poderoso curador que cambio mi actitud: buscar la cura, no la causa.

También comprendí entonces que me faltaba coraje. Ya no era audaz, al contrario, estaba llena de temor. Llevaba años enseñando sobre la confianza, la fuerza y la visión, escribiendo sobre ellos y entrenando a personas para que pudieran enfrentar tiempos difíciles y, sin embargo, ahí estaba ahora, estancada en mi propia batalla y sin acceso a mis verdades que conocía tan bien.

Y así, con el conocimiento que se encuentra en este libro llamado *Coraje*, pude recuperar el control y darme cuenta de que lo único que estaba haciendo era elegir el miedo, y que tenía mucho trabajo por hacer, tanto en el aspecto interno como en el externo.

Hay muchas lecciones por aprender. Sin duda yo estaba corriendo con demasiado ahínco y rapidez, y como tenía muy poco respeto por mi salud, pasé por alto todas las señales e indicios que me indicaban que debía tomar algo de tiempo libre. De hecho, incluso cuando lo tenía siempre lo ocupaba de inmediato para algún proyecto, y lanzaba mis necesidades aún más al fondo del pozo de la negación. Una de las lecciones que aprendí tras estar en cama casi un año, fue la importancia de recibir amor. El hecho de que mucha gente de todo el mundo me amara y bendijera, que haya orado por mí, cambió mi vida. Creí que nadie podía llorar más que yo, sin embargo, mis lágrimas eran producto de un profundo gozo por haber despertado. Entonces comprendí lo cerrada que estuve durante años.

A pesar de estar convencida de lo contrario, descubrí que era una persona a la que le gustaba agradar a los demás. La verdad era que siempre me detenía a ayudar a otros antes de cuidar de mí. Entonces comprendí que yo misma necesitaba escuchar todo lo que había predicado a través de los años. Así pasó con lo que enuncié en mi primer libro: "Obedece tus propios consejos". Mi despertar fue un proceso milagroso.

Antes de que todo esto sucediera, sólo Gideon Weil, mi editor, me habría pedido escribir un libro sobre el coraje y el valor. Pensé que sería muy fácil, que era un tema con el que estaba familiarizada. Pero nunca imaginé que debería encontrar un nuevo tipo de confianza y valor para superar los obstáculos. Después de entregar un libro que no contenía una sola palabra acerca del cáncer, Gideon llamó para preguntarme si estaría dispuesta a hablar abiertamente sobre mi batalla contra esta enfermedad. El libro estaba a meses de publicarse y, dado que por fin había superado la etapa de negación, supuse que estaría preparada para compartir con el público mis experiencias.

A un año y medio de distancia, ahora puedo ver el propósito santo que tenía mi enfermedad. Sé que el hecho de tener que quedarme en casa y no contar con la energía necesaria para ir a trabajar, me brindó la oportunidad de reflexionar sobre lo que es importante para mí, lo que desco hacer en el futuro, con cuáles personas deseo pasar mi tiempo e invertir mi energía, y qué límites debo aprender a marcar. A pesar de que me desvinculé de lo que podría llamarse mi círculo interior más grande, creo que ahora me nutren aquellos a quienes he mantenido cerca de mí. Aprendí que no puedo encender los dos extremos de una vela. Logré uno de mis objetivos más importantes: estar con mi hijo Beau los dos años previos a su partida a la universidad. Comprendí que todas las decisiones que tomamos son importantes. Cada elección es fundamental: qué como, qué digo, qué pienso, en quién confío y en qué proyectos trabajo. Incluso es importante el lugar donde vivo. Después de diecisiete años y nueve casas en una ciudad que no me gustaba, por fin me mudé. Ponerme en contacto con mi valerosa guerrera interior me dio la libertad de decir: "No",

"No, no puedo", y "No, no quiero". También entendí que el perdón es esencial para todo mundo.

Cada vez que confío en mi intuición, que entro en sintonía con la Voz de mi Yo Valiente, escucho que lo más importante es, en primer lugar, cuidarme a mí misma. Luego a mi hijo y, en tercer lugar, a mi familia y empleados. Después viene todo lo demás. Voy a ganar esta batalla día a día porque así elegí hacerlo. Todos somos más fuertes de lo que imaginamos, pero las decisiones son importantes desde el día de hoy. Y hoy, yo elegí vivir.

Debbie Ford

Introducción

¿Cuántas veces has sentido que te encojes?
¿Cuántas veces te has sentido tan pequeña que terminas aceptando un papel que no quieres interpretar?

¿Cuántas veces te has quedado callada cuando en realidad querías gritar a todo pulmón? ¿Cuántas le has entregado tu poder a alguien a quien no le interesabas de verdad?

¿Cuántas veces has sucumbido ante un comportamiento impulsivo o adictivo en lugar de tomar una decisión con la mente bien clara?

¿Cuántas veces te has dicho a ti misma: "No puedo. No soy suficientemente fuerte. No tengo el coraje ni la confianza necesarios para ser todo lo que quiero"?

Todos los días nos enfrentamos a elecciones que nos hacen sentir fuertes y confiadas, o nos impiden conseguir lo que más anhelamos. Los miedos paralizantes, la autoconfianza reprimida y el coraje perdido, son algunos de los obstáculos que nos impiden tomar decisiones correctas que respalden nuestros intereses y deseos más profundos. Para la gran mayoría de la gente, la sensación de que no vale lo suficiente, influye en sus elecciones en cuanto a finanzas, familia, cuerpo, peso o imagen personal.

La falta de confianza nos hacer creer que somos indignas de conseguir lo que queremos, de decir la verdad y tomar decisiones que mejoren nuestra vida. La debilidad, la indefensión y la impotencia, nos hacen perder la fortaleza con la que se aleja a los pensamientos de derrota, negatividad y miedo que invaden nuestras mentes y nos impiden avanzar y vivir en armonía con nuestros deseos más profundos. Al renunciar a nuestro poder personal y negar de qué somos capaces, sucumbimos a nuestras adicciones, miedos, impulsos enfermizos y normas del pasado. Actuamos como si de verdad fuéramos débiles e inseguras.

Por supuesto, es posible que este círculo negativo no afecte todos los aspectos de nuestra vida. Podríamos, por ejemplo, prosperar en el trabajo o en las relaciones personales; sin embargo, muchas perdemos el control y no podemos reunir la fuerza suficiente para superar el miedo y cumplir nuestros sueños más profundos. Cada vez que tomamos una decisión basada en el miedo, nos infundimos la creencia de que somos indignas, que no somos lo suficientemente buenas o fuertes para controlar nuestra propia vida, pensamientos, creencias, elecciones y, lo más importante, nuestro futuro. Cada vez que tomamos una decisión basándonos en el miedo, le enseñamos a la mente a creer que estamos indefensas, desesperanzadas e impotentes: los tres estados emocionales que nos victimizan.

¿Qué necesitamos para reunir toda la fuerza posible y sentirnos orgullosas de nosotras mismas? Debemos reconstruir la confianza, y eso podemos hacerlo empezando por mejorar nuestra autoestima. Tenemos que aprender a amar todo lo que somos: nuestra historia, fallas, dudas, debilidades y miedos. Y además de amarnos, convertir al amor en nuestra causa. Debemos convertirnos en guerreras del amor, pelear por nosotras mismas y defender lo que somos y deseamos llegar a ser. Tenemos que ser guerreras en lugar de víctimas, luchadoras en lugar de seguidoras.

¿Por qué ser guerrera? Porque la guerrera vive y actúa con gran fortaleza, integridad y compromiso. Una guerrera ya activó el coraje que hay en su interior. La guerrera puede enfrentar desafíos emocionales y romper con los antiguos patrones; puede adoptar una postura agresiva hacia sus oponentes, que son, en realidad, las voces temerosas del enemigo interior. ¿Por qué nosotras, las mujeres, nos hemos alejado de nuestra naturaleza agresiva? Llevamos demasiado tiempo negando una parte fundamental de nosotras mismas. ¿Por qué? Porque llegamos a creer que dicha naturaleza es incorrecta, inaceptable, injustificada e indeseable. Tal vez en el pasado ese mismo carácter se manifestó de manera incorrecta o, quizá, la agresividad de alguien más nos dañó. El caso es que, por alguna razón, renunciamos justamente a la cualidad que nos puede brindar el coraje necesario para defendernos. Debo aclarar que no se trata del carácter agresivo que lastime a otros sólo por placer, ni es lo que insta al deshonesto a empuñar el arma con el objetivo de dominar y destruir. Es más bien el tipo de sentimiento que le corresponde a la guerrera, el que forma parte del corazón de toda mujer. Es el sentimiento incendiario de la justicia de Rosa Parks, el de la verdad del amor divino, como el de Juana de Arco. Es el que hace a la guerrera capaz de emitir sabiduría desde lo más profundo de su ser, como en el caso de Helen Keller.

Al nacer todas poseemos una gran cantidad de determinación y agresividad, es una fuerza interior que invocamos cuando debemos pelear por nuestros hijos y proteger a la familia. Esta parte de nosotras podría ser la más sana porque nos insta a perseguir algo, a estar listas para el combate, preparadas para ganar e involucrarnos en las batallas que nos presenta la vida. Hay ocasiones en que tenemos que combatir los pensamientos sombríos que invaden nuestras mentes; luchar contra las mentiras, los malos entendidos y la vergüenza. A veces necesitamos la fuerza para decir "Basta". Requerimos del coraje para gritar, "No pienso escucharte" o "Eso no es verdad". Si estamos dispuestas a confrontar lo que nos hizo sentir débiles, impotentes e incapaces de cambiar, entonces sí necesitamos la coraza que poseen las guerreras del amor.

Lo anterior es aplicable tanto si tenemos que luchar contra el antojo de comer algo dulce porque necesitamos sentirnos amadas, o si tratamos de batallar contra el impulso de gastar dinero cuando deberíamos ahorrarlo. Quizá necesitamos la fortaleza de la guerrera para marcar un límite y decir "¡Nunca más!", o para dejar de apoyar a alguien que amamos. Ése es el trabajo de la guerrera del amor. La guerrera no piensa, "Soy una mala persona. ¿Qué van a decir de mí? Si expreso la verdad me voy a quedar sola y ya no tendré amigos". Tampoco exclama, "Tengo que quedarme recostada y morir porque estoy enferma". Una guerrera siempre lucha para liberarse.

La mayoría de las mujeres ha renunciado a su guerrera interior con tal de recibir aprobación, alcanzar cierto estatus o vivir en el engaño de la falsa seguridad. E incluso quienes creen que sí están en contacto con su guerrera, podrían estar equivocadas porque, la mayor parte de las veces, su sentimiento proviene del miedo, no del amor. Es una reacción que surge del control y la manipulación, no de la compasión y el entendimiento. La guerrera que nace del ego, es un ser débil y controlador, preocupado por su propio poder, diseñado para proteger alguna imagen resquebrajada de sí mismo. Esa guerrera no está destinada a poseer el mayor poder del amor. Una guerrera valerosa es un ser espiritual que está preparado para luchar por lo Divino y todas sus expresiones.

La guerrera valerosa considera que cada persona es un ser divino y cada experiencia es única. La guerrera guía con el corazón y está fuertemente decidida a ayudar a que todos den lo mejor de sí mismos, a que toda situación sea óptima. La guerrera valerosa habla con claridad y firmeza incluso cuando todos los demás le susurran que debe callar. Sabe que en su interior yace una fuerza más grande que ella misma; sabe que puede provocar las críticas de otros. La aprobación personal se vuelve secundaria ante la importancia de la aprobación divina. La guerrera valerosa está armada y lista para cualquier eventualidad de la vida: un divorcio, la pérdida del empleo,

una adicción, un huracán, un derrame de petróleo, enfermedad familiar, una pérdida importante o una fuerte agresión
emocional. La guerrera tiene en su interior el amor divino
que se renueva todos los días y la noción de que los desafíos
también son parte del viaje. Sabe que todos los días tendrá la
oportunidad de decidir si sucumbe al miedo o se sobrepone a
él con amor, fe y valor. Es suficientemente valiente para dejar
atrás a quienes impiden su éxito o minimizan su valor. Tiene
suficiente confianza para ponerse en contacto con quienes
pueden ayudarle a vencer. La guerrera valerosa no sucumbe
ante los demonios internos que tratan de vencerla. Los combate en pos de una verdad mayor, un amor supremo.

La guerrera valerosa no mira atrás, no cree que los antiguos hábitos, la historia familiar o los problemas, puedan
determinar su capacidad para sentirse bien consigo misma.
La guerrera observa su interior y busca el poder divino que la
creó; está aquí para reunir fuerza y alcanzar su potencial, y
eso significa que tendrá que enfrentarse a la controversia.
Deberá vencer la limitación que suponen sus pensamientos
y la creencia que su propia mente podría proponerle: que es
sólo una mortal falible. La guerrera deberá estar dispuesta
a enfrentar conflictos que le servirán para desencadenar esa
fuerza interior y, al mismo tiempo, deberá mantenerse enfocada en la visión del futuro. La guerrera valerosa es una mujer
que lucha con bravura contra el enemigo universal: la igno-
rancia del humano sobre sí mismo.

Pero, y entonces ¿cómo vive una guerrera valerosa? Observa sus miedos con claridad y los acepta confiada y con valor.

Al convertirte en guerrera por tus fallas, comienzas a encontrar la belleza que radica en ellas, les otorgas importancia. Encuentras gentileza y compasión en todo lo que te hace
distinta. La guerrera debe ser capaz de encontrar belleza y
perfección en todos los aspectos de sí misma.

Al convertirte en guerrera por tu cuerpo, empiezas a buscar todo lo bueno que te servirá para nutrirlo: cada vitamina,

pensamiento, nutriente, creencia. Amas a tu cuerpo, le agradeces cada mañana y, durante el día, lo bendices.

Al ser guerrera por tu economía, te aseguras de tener los suficientes recursos para cuidar a tu familia y a ti misma en el futuro. Sientes coraje, fuerza y confianza para salir y buscar un empleo que logre inspirarte, o para crear el negocio que sueñas. Ahorras lo suficiente y aprendes sobre finanzas personales para identificar qué necesitas para mantenerte a ti misma de manera permanente.

Al ser guerrera por tu familia, no te tomas los asuntos de manera tan personal porque sabes que eres parte de un clan en el que todo mundo debe aprender sus propias lecciones. La guerrera no trata de identificar cómo la ha lastimado su familia, sino cómo puede ayudar a sus integrantes a ser más fuertes, y cómo ella misma puede fortalecerse y encontrar apoyo en ellos.

Al ser guerrera por tu pasado, logras identificar los obsequios que te brindan las malas experiencias. Sabes que esos desafíos fueron oportunidades para de sobreponerte; que al dejarlos atrás siempre alcanzas una meta mayor y con cada reto creces más. Estás preparada para combatir a las agonizantes voces de tu cabeza que te dicen que eso no debió haber sucedido, que eres estúpida o hay algo mal en ti. Entonces te preguntas: "¿A qué voz estoy escuchando? ¿A la Voz del Miedo, la Voz de la Impotencia, la Voz de la Desesperanza, la Voz de la Inseguridad? ¿O estoy escuchando a la Voz de la Aceptación, la Voz del Poder, la Voz de la Confianza, la Voz del Coraje, la Voz de la Fortaleza, la Voz del Perdón?" La guerrera sabe que tiene el poder de elegir cuáles voces la guiarán.

Al ser guerrera por tu futuro, despiertas por la mañana con la visión puesta en la conciencia. Tienes lucidez acerca de tus acciones, y te tornas inquebrantable. Te enfocas en lo que tienes al frente no en lo que dejaste atrás. Te concentras en lo que *sí* puedes hacer, no en lo que te es imposible. La guerrera se emociona y apasiona conforme va creando el futuro que más anhela.

LAS LECCIONES

En este libro aprenderás que lo que te mantiene estancada y te hace sentir débil y sin esperanza, es sólo un engaño del pasado, son los miedos (reales o imaginarios) sobre los que cavila tu inconsciente. Entenderás que todo a lo que te enfrentaste en el pasado servirá para fortalecerte y para brindarte la oportunidad de ser más sólida, valiente y congruente con tu yo superior. Verás que los obstáculos que lograste superar, sólo fueron oportunidades para crecer. Notarás que, al observar con cuidado tu vida, eso que alguna vez pareció ser miedo y desesperanza, ahora es coraje y amor. Al ser una guerrera valerosa, cada vez caminarás más erguida y sentirás confianza suficiente para avanzar con decisión. Ya no te verás como un ser imperfecto y lleno de fallas, sino como en verdad eres: una persona con confianza y valor inconmensurables.

Con todo eso surgirá una nueva imagen de ti misma, una imagen que te hará sentir tan bien con lo que eres y con lo que tienes, que también te brindará el poder de lograr cualquier cosa. Eres como soldado para la verdad, y todo comienza con tu verdad personal: escucha a tus instintos, a tu sabiduría y a la voz de tu yo superior. Eres portadora de tus mayores aspiraciones y buscadora de la divina creación de tu propia y sagrada vida. Gracias a esta congruencia podrás trascender a tu antigua imagen e imbuirte en el valor, la fortaleza y la confianza.

El descubrimiento de que eres guerrera modificará la esencia del ser que eres ahora y te otorgará el poder y la fuerza para enfrentar todo desafío, cualquier día que quieras. Incluso en medio de tu vida diaria, en lugar de tratar de ocultar tu inseguridad detrás de un elegante traje o de una sudadera vieja, adórnate con el fulgurante atuendo de la confianza en ti misma y corónate con el valor que tanto mereces.

Así que, en nombre del amor, el coraje y la confianza. . . ¡a la carga!

La transformación

Cómo funciona

He pasado quince años viajando por todo el mundo para enseñar a la gente cómo estar en paz con su mundo interior para sentirse confiada y segura al enfrentar las experiencias difíciles de la vida. Por lo general se acercan a mí personas que se desempeñan bien y tienen éxito en casi todos los aspectos de su vida, pero que, a pesar de ello, se encuentran estancadas; no pueden ir más allá de los obstáculos en su camino. Curiosamente, descubrí que la mayoría de los traumas que les roban el gozo y la felicidad, y les impiden avanzar, proviene de su niñez. Son problemas que se transmitieron por generaciones y, muy a menudo, también son la carga que la vida les impuso.

Ahora, tras haber escrito ocho libros y observado la forma rápida y milagrosa en que la gente puede transformarse, ya entendí que no es nuestro conocimiento intelectual lo que nos ayuda a avanzar, ni lo que nos brinda más confianza y valor. Lo único que en realidad nos puede servir es el proceso mismo de la transformación, con el que nos mudamos de la cabeza al corazón. Es lo que cambia la manera en que miramos en nuestro interior y nos volvemos a conectar con todo aquello que siempre ha estado ahí pero se mantiene oculto: un enorme poder que se vincula con nuestra confianza y valor. Cuando me siento insegura, siempre detecto un revoloteo en el estómago que me sirve como recordatorio de que estoy desconectada de mi fuente de coraje y confianza. Por lo general sólo me toma cinco minutos cerrar los ojos, explorar mis sentimientos y volverme a vincular con la fuente. Este cambio puede durar unos cuantos minutos o, incluso, hasta varios días, todo depende del problema en cuestión.

Te aseguro que si estás dispuesta a trabajar, tendrás acceso al tipo de confianza y coraje que siempre has soñado. Es posible que ya tengas esta fuerza en algunos aspectos de tu vida, pero el objetivo es que seas capaz de extenderla a todas las áreas.

Es muy común despertar y decirnos a nosotras mismas algo que nos minimiza y abate, pero lo hacemos porque no identificamos los catastróficos efectos de ese comportamiento en nuestra vida. No nos percatamos de que todo pensamiento negativo va minando la confianza en nosotras mismas, y disminuye nuestra capacidad para enfrentar con orgullo los desafíos de la vida y las decisiones cotidianas.

Déjame decirte que los pensamientos negativos y todo eso que te dices, son mentiras. Recuerda que está bien ser tú misma. No eres la única en el mundo que se siente temerosa, sola, estúpida o antipática; no eres la única que a veces se despierta y siente que es indigna, que no es suficientemente buena; no eres la única desesperada, deprimida o estancada. No eres la única enojada, resentida o molesta. Todos estos sentimientos son comunes y nos ofrecen la oportunidad de aprender a convertirnos en seres espirituales.

Coraje te conducirá a través de un proceso de transformación que cambiará tu vida. Es algo que he visto funcionar para miles de personas. Aunque el libro es motivacional, también tiene otros objetivos. No se trata solamente de un libro para inspirar, aunque por supuesto, lo hará. Tampoco es un libro didáctico, pero en él aprenderás muchas cosas. Más bien es un libro de transformación que te ayudará, de una manera muy profunda, a modificar la manera en que te ves a ti misma, a otros y al mundo entero.

El proceso de transformación comienza cuando ves más allá de la superficie de tus pensamientos, creencias y decisiones, y logras exponer el punto débil de tu comportamiento. En las páginas que tienes por delante, descubrirás el porqué y el cómo de esa vida tuya que se apoya en el miedo. El objetivo no es juzgarla ni señalar por qué es incorrecta, sino explorar, entender y celebrarla como la realidad que te ha llevado al lugar en que te encuentras ahora. Te aseguro que tu vida cambiará en cuanto veas lo que ha permanecido oculto para tu visión consciente. Cuando te tomes el tiempo necesario para explorar tu comportamiento sin decepción ni engaños, podrás hacer una limpieza del pasado y echarle un vistazo al futuro que anhelas.

A medida que vayas ingresando a la etapa de aceptación, comenzarás a hacerte responsable de todo lo que has sido y de todo lo que le aportas (y lo que no), a tu vida actual. Aprenderás que, mientras sigas cargando el pasado, continuarás recreándolo y repitiéndolo. Esto te permitirá ver la manera en que participas en las realidades que vives, y entender que no es posible vivir en una circunstancia, situación o realidad, a menos de que estés de acuerdo de alguna manera en hacerlo (de forma consciente o inconsciente). Cuando comprendas que una parte de ti se involucra de manera activa en tu drama cotidiano, empezará a surgir tu verdadero Yo, y sólo entonces, tus miedos serán menos importantes que tu poder, fuerza y confianza.

En la fase final del proceso de transformación descubrirás la manera de aceptarte completamente como ser humano y divino. Tendrás una nueva perspectiva que te incluirá como un ser integral en lugar de sólo enfocarse en una parte de ti. En esa etapa final, cuando puedas ver, sentir y aceptar a tu Yo divino, confiado y valeroso, percibirás que te iluminas desde el interior. Entonces sabrás que eres la guerrera del amor que siempre debiste ser, y sentirás que todo el universo te apoya. También recobrarás la confianza en ti misma y en la humanidad.

Cuando logres aceptarte de manera integral, también podrás tomarte, en las manos y en el corazón, a ti misma y a tu historia: sin juicios, miedos ni castigos. Y entonces, sin dudas, titubeos, culpas o temores, mirarás tu pasado y todo lo que sabes sobre ti misma, con una compasión divina. Será una realidad genuina, sutil e inquebrantable. Te imbuirás en una nueva situación que no tuviste que crear ni provocar; será sólo el hecho de que tu guerrera interior ahora tendrá un hogar en ti, un lugar en el que podrá brillar y desde donde podrá surgir con sencillez, gracia y gozo; sin esfuerzos. Cuando hayas aceptado la totalidad de tu naturaleza, ya no habrá necesidad de seguir batallando.

Cuando, en lugar de rechazar, aceptes lo que eres, cuando escuches a tu verdadero Yo en lugar de a la tirana que se deja llevar por el ego, entonces tu corazón empezará a abrirse al amor. Cuando te hayas comprometido a ser quien verdaderamente eres, de una manera auténtica y sin vergüenza, culpa, duda o justificaciones, surgirá un gozo que rara vez se encuentra en un lugar que no sea el rostro de un niño. Este cambio en tu mundo interior hará que, de forma inmediata, se modifique la manera en que percibes al mundo exterior. Cuando cambies la relación que tienes con el mundo interior, cuando escuches y tengas compasión por tu Yo más vulnerable, entonces se modificará la visión que tienes del mundo. Al ver todo desde esa nueva perspectiva, comenzarás a tratarte a ti misma, y a los otros, de manera diferente. En lugar de juzgar duramente tus hábitos, los analizarás con ternura, y entonces, el mundo externo te brindará una visión para el futuro (para tu felicidad y éxito) que te lanzará hacia ese ser en que siempre has querido convertirte.

En la parte 1 del libro, "Un nuevo paradigma", te daré una visión general de lo que son miedo, coraje y valor, y de la forma en que estos elementos afectan tu vida, pensamientos, comportamiento y sentimientos. Diseñarás un nuevo paradigma de valor y confianza, sabrás lo que estos conceptos significan, cómo funcionan y la razón por la que los necesitamos tanto.

En la parte II, "Múdate de la cabeza al corazón", te guiaré, paso por paso, a través de lo que yo llamo "Los códigos de la guerrera valerosa". Estos códigos fueron diseñados para renovar tu mundo interior y sanar los viejos pensamientos, creencias y comportamientos. Al mismo tiempo comenzarás el emocionante y profundo viaje necesario para llegar a ser una poderosa, confiada y valerosa guerrera del amor.

Al final de cada código habrá un proceso de transformación que deberás llevar a cabo, así como un activador y un generador de confianza que te servirán para fortalecer los músculos del coraje y la confianza. Aunque no realices el proceso, los ejercicios te ayudarán a activar tu valor, a acelerar la confianza, a fortalecer tu determinación y a estimular el renacimiento de tu guerrera interior.

A medida que te acerques al último código del libro, notarás que tu visión del mundo y de tu vida se va haciendo completamente distinta. Quedarás fascinada y asombrada con el poder, valor y confianza que llenarán tu cuerpo de una nueva fortaleza. Decir tu verdad se convertirá en una expresión perfectamente natural de tu guerrera interior. Decir "no" sin culpa, cuando no quieras hacer algo, será una habilidad que te brindará poder, no vergüenza. Te sentirás diferente porque habrás ingresado a la verdad que siempre debiste ser: ¡tú misma! Tu actitud se modificará; dejarás de ser temerosa y estar a la defensiva, y comenzarás a actuar con una fuerza persuasiva que te permitirá tomar decisiones tan fuertes que te sorprenderán.

Incluso si no puedes realizar los procesos, el viaje alterará, por sí mismo, todo lo que eres en el nivel más profundo de tu ser. Lo anterior te lo puedo asegurar porque he conducido a miles de personas a través de este proceso de transformación en los últimos quince años. Funcionará si estás dispuesta a plantar bien ambos pies en el cálido y hermoso mar de la dicha de la transformación. Así que respira hondo y sólo permítete aceptar lo siguiente: "Soy un ser integral". "Soy un ser integral y completo con todo lo que mi vida será a partir de hoy". Olvídate de: "*Quisiera* ser integral"; sólo piensa en "*Soy* integral". "Soy un ser integral y completo, y estoy listo para dar el siguiente paso".

Celebro tu compromiso con el valor. Tal vez todavía no lo has reconocido, pero hoy es un día perfecto para hacerlo. Entonces, respira hondo y apodérate de todo este valor.

Un nuevo paradigma

La culpable

Desde que tengo memoria me llamaron Gatito Miedoso. Me conocían como la pequeña Debbie Ford, la niña que se ocultaba detrás del vestido de su madre, se alejaba corriendo de cualquier persona que quisiera saludarla y no podía dormir sin las luces encendidas. Siempre temerosa de que alguien saltara desde la oscuridad para hacerme daño, aprendí a esconderme en los rincones y a mirar furtivamente lo que sucedía a mi alrededor. No había cumplido dos años cuando me convertí en la niña del vecindario a la que todos molestaban y le hacían bromas pesadas, y de quien se burlaban. Era vulnerable y siempre tenía miedo; era la más chica de tres hermanos, y a muy temprana edad descubrí que nadie pensaba protegerme. La intimidación sucedía en mi propia casa y comenzaba con mi hermana mayor, a quien yo adoraba. Luego mi hermano, a quien consideraba mi salvador. Para cuando cumplí tres años descubrí que todos estaban aburridos de mi actuación de Gatito Miedoso, y entonces deseé crecer pronto y ser normal como mis hermanos.

Asimismo, mi padre creía que molestarme era una forma linda de interactuar conmigo, por lo que, tras un largo día de trabajo, volvía a casa, levantaba a nuestro gato persa blanco (llamado Whitey Ford en honor al famoso jugador de beisbol), se ponía cómodo en su sillón reclinable, y luego, con una dulce voz, me decía: "Ven aquí mi Gatito Miedoso, ven con papi". En aquel entonces me encantaba que me prestara atención, pero esa reconfortante sensación no duró mucho. Lo que él creía que eran apodos cariñosos, pasaron de "Gatito Miedoso" a "Nariz de Puerquito" y "Súper Mandril". A pesar de que yo sabía lo mucho que me amaba, su forma de relacionarse conmigo me hería; comencé a temerle a la gente que me rodeaba y, finalmente, al mundo entero.

A medida que fui creciendo descubrí que la sociedad no aceptaba a los gatitos miedosos. De la misma forma que me había sucedido con mis hermanos, me di cuenta de que mi personalidad ansiosa no era muy atractiva para la gente. Quería ser fuerte y confiada pero, en lugar de eso, me torné suspicaz y asustadiza. Me avergonzaba todo lo que era, me sentía incómoda y, al mismo tiempo, lo único que deseaba era pertenecer y tener tanta seguridad en mí misma como la tenía Arielle, mi hermana mayor. Su largo y oscuro cabello la hacía una especie de estrella fulgurante a la que nada incomodaba. Entonces comencé una búsqueda con la que esperaba encontrar la manera de sentirme igual que ella.

La comida parecía cambiar mi estado de ánimo. Casualmente, vivíamos frente a un 7-eleven en la Avenida 46, en Hollywood, Florida. Para mí, se trataba de un aburrido pueblito, por lo que mi mayor entretenimiento consistía en hurgar en las billeteras de mis padres, robar unos cuantos dólares y atravesar la calle corriendo para comprarme una buena cantidad de *brownies* de Sara Lee y una Coca Cola. Siempre me daba la impresión de que funcionaba. La dosis de azúcar me daba lo suficiente para disipar la ansiedad que se agitaba en mi pequeño vientre, me tranquilizaba y me permitía estar en paz. Tras unas cuantas mordidas al *brownie* y un trago de Coca, me sentía adorable e incluso, casi invencible. En menos de cinco minutos se me quitaba el miedo, y la confianza y la fuerza comenzaban a inundarme.

Mi mayor humillación sucedió cuando estaba en la secundaria. Había logrado reunir el valor suficiente para asistir a mi primer baile escolar. Todavía me sentía bastante avergonzada por la falta de garbo de mi cuerpo, por los enormes dientes frontales que tenía cubiertos con unos espantosos *brackets* metálicos, y por mi falta general de popularidad. Sentía como si tuviera tatuado en la frente un anuncio que afirmara: "Soy una perdedora, mantente alejado". Odiaba mi apariencia, por lo que me esforzaba mucho por ocultar mis imperfecciones. Al igual que muchas otras, soñaba ser como todas las chicas populares. Tenía tanto miedo de llegar al baile y quedarme en un rincón, que decidí elegir el vestido más increíble de todos para animarme. Como no podíamos pagar ni siquiera uno medio decente, le pedí a mi tía Laura que me confeccionara algo. Lo diseñamos juntas; era de terciopelo color vino; tenía un escote suficientemente profundo que me permitiría llevar abajo una hermosa blusa blanca de holanes que llenaba el área del cuello y dejaba ver delicados adornos donde acababan las mangas del vestido. Mi cabello era largo y grueso, muy hermoso, y si lograba mantener la boca cerrada, tal vez lograría evitar que alguien se diera cuenta de que traía una defensa de auto en los dientes.

Al llegar al baile observé a todas las otras chicas y, de inmediato, me dirigí al rincón donde estaban todas las que "no implicaban peligro". No representaban peligro porque no eran ni populares ni agraciadas y, como no tenían que proteger una reputación, eran más amables. Encontré un buen lugar para mí y permanecí ahí, rezando por que algún chico lindo me sacara a bailar. El volumen de la música era bastante fuerte y la banda tocaba los éxitos más recientes. Se respiraba un aire muy promisorio.

En unos cuantos segundos, los chicos comenzaron a rodearme. Me emocioné. Tal vez había ganado un premio o me iban a elegir como la chica mejor vestida. Todos me miraban sonriendo y yo sentía que estaba en un sueño. Cuando me levantaron y me llevaron al proscenio, no tenía la menor idea de lo que estaba a punto de suceder, pero entonces, el corazón se me detuvo cuando escuché la letra de la canción "Piernas flacas" de Joe Tex.

> *Mira, hombre, no camines adelante de esa mujer*
> *como si no fuera tuya*
> *sólo porque tiene piernas flacas.*
>
> *Porque ¿sabes?, así no son las cosas,*
> *no te comportaste así cuando la tuviste en casa,*
> *tras puertas cerradas, ¿verdad?*
>
> *Ahora actúas como si te avergonzaras de ella,*
> *o como si no quisieras que alguien se enterara de que es tuya.*
> *Pero está bien, tú sigue caminando, nena.*
>
> *Y no te preocupes por esas tonterías,*
> *porque, en algún lugar hay un hombre*
> *que te querrá, con todo y tus piernas flacas.*

Mientras trataba de no llorar, ellos me sostenían en el aire y caminaban entre la multitud en la pista de baile. Yo sólo podía pensar en la gente que veía por debajo de mi vestido. Luego, sin dudarlo, subieron hasta donde la banda cantaba *¿Y quién es la chica de las piernas flacas?* y me depositaron en medio del escenario. Escuché que la multitud se moría de risa gracias a mí. A la banda parecía encantarle la situación porque sus integrantes aplaudieron y cantaron con más fuerza: querían capturar toda la gloria posible. Mientras tanto, yo estaba hecha un mar de lágrimas.

> *Y ahora, ¿quién se llevará a la mujer de piernas flacas?*
> *Vamos, alguien llévesela por favor.*
> *Ahora ya todos conocen a la mujer de las piernas flacas.*

También necesita a alguien,
¿Podría alguien llevarse a la mujer
de las piernas flacas, por favor?

"Oye, Joe" "¿Sí, Bobby?"
"¿Por qué no te la llevas tú?" "¿Estás loco?"
"Yo no quiero una mujer de piernas flacas".

Y así continuaron. Yo permanecí frente a los alumnos de la escuela, avergonzada y humillada, paralizada por el miedo. Todos mis sentimientos de inferioridad, de que no era suficientemente buena y no pertenecía al grupo, me invadieron de pronto. Hice todo lo que pude para contener las lágrimas y guardar compostura. Aunque deseaba gritar y salir corriendo, sólo me quedé en el escenario, incapaz de moverme. En lugar de huir de ahí con algo de confianza y actitud, me quedé paralizada como una cobarde y permití que me hicieran blanco, una vez más, de una broma pesada y sin gracia. ¿Quién querría ser mi amigo ahora? ¿Cómo iba a encontrar un chico que quisiera estar con una perdedora de piernas flacas como yo? Mi gran noche para encontrar al fin a alguien especial, se convirtió en una pesadilla en el tiempo que duró una canción. Fue el peor momento de mi juventud y me estigmatizó de por vida.

Después reproduje aquel incidente en mi cabeza con la esperanza de que ahí tuviera un final mejor, pero sabía que nadie llegaría a salvarme porque jamás hubo quien estuviera dispuesto. Si quería sobrevivir en el mundo tendría que salvarme yo misma.

Mi inseguridad creció y tuve que diseñar un plan que me permitiera sobrevivir hasta el final del año escolar. Le temía al acoso más que a cualquier otra cosa. Recuerdo que traté de hacer todo lo posible por permanecer invisible y mantenerme alejada de los bravucones. A veces, incluso, llegué a comportarme como ellos para que nadie me molestara. Todos los días, en el camino de casa a la Secundaria McNicol, lloré con el corazón hecho pedazos. Lo único que deseaba era pertenecer y ser aceptada; ni siquiera necesitaba ser la chica más popular, sólo quería agradar y sentirme segura. Pero parecía que eso no sucedería y, por lo mismo, mi tristeza se convirtió en una depresión que me llevó a tratar de cambiar todo en mí.

Cuando el miedo y mis arraigadas inseguridades asumieron el control, tomé la dramática decisión de convertirme en la chica que creí los otros esperaban que fuera y no en quien era en realidad. Comencé a cubrir mi naturaleza gentil con una actitud de "no me interesa". En muy poco tiempo mi cálido y amoroso corazón se tornó frío y se apartó de lo lúdico, del afecto y la compasión, para apegarse al cinismo y la beligerancia. El dolor, la humillación y el miedo me transformaron en alguien que yo no era. Fabriqué un caparazón exterior para protegerme y separarme de mi verdad interior. Pero había un precio que debía pagar: ya no tendría acceso a la verdadera yo porque, de repente, me convertí en una persona que se odiaba a sí misma y había perdido el coraje para sentir sus propias emociones o ser vista como realmente era.

A los trece años comencé a juntarme con "las malas compañías". Las drogas se estaban poniendo de moda y en poco tiempo descubrí que me brindaban la confianza que buscaba. Finalmente encontré una solución rápida para lo mal que me sentía por dentro. Las drogas lo cambiaban todo porque me daban una audacia y valentía que estaban más allá de lo que jamás había soñado. Me di cuenta de que ser una maldita y decir montones de groserías evitaba que la gente me humillara. Mi familia no soportaba mi nueva personalidad, pero en general me funcionaba bien e incluso tenía algunos amigos a quienes les agradaba. Mi disfraz era tan convincente que, después de algún tiempo, olvidé que sólo se trataba de una máscara detrás de la cual me ocultaba. Trabajé con mucho ahínco para encontrar más y mejores trucos que me ayudaran a esconder mis inseguridades, como usar la ropa adecuada (aunque sólo se tratara de versiones económicas) y juntarme con las chicas más intimidantes (a pesar de que todos las consideraban decididamente malas). Me parecía lógico: si podía llevarme con las chicas rudas, me protegerían de las más rudas. Sabía que jamás podría compartir con ellas mis verdaderos sentimientos porque volverían a rechazarme. El petrificado Gatito Miedoso todavía estaba escondido debajo de la superficie de mi nuevo y exagerado personaje. Desarrollé una imagen muy sólida de chica ruda; sumé la cantidad necesaria de novios y cualquier otra cosa que me hiciera parecer buena onda y me permitiera ocultar el dolor. Trabajé en esa imagen día y noche, pero, cuando estaba sola, sin el estómago lleno de drogas o con algún chico que creía que me amaba, de todas formas continuaba sintiendo un miedo que nunca desaparecía. A pesar de todo, la angustia había dejado de abrumarme tanto como antes.

La incomodidad fue desapareciendo a medida que crecí. Empecé a arriesgarme más con la ayuda de algunas medicinas, ropa sofisticada y cualquier otra cosa que me diera valor para tratar de cumplir mis sueños. El dinero se convirtió en algo importante porque me permitía comprar cosas más bonitas. Empecé a trabajar en una tienda de ropa donde logré avanzar; ahí descubrí que tenía talento para la moda y la comercialización, y me encantó. Cuando elegía prendas y las combinaba para algún cliente, me sentía auténticamente confiada, orgullosa y fuerte. Eran tres sentimientos que incluso me costaba trabajo reconocer. Todos los días eran emocionantes y me urgía volver a casa para contarle, a cualquier persona que estuviera dispuesta a escucharme, acerca de todas las ventas que había logrado y de las combinaciones que había hecho para los atuendos. Incluso me hice muy amiga, por vía telefónica, de uno de los gerentes de la tienda. Aunque no nos conocíamos en persona, yo sentía que nuestro destino era estar juntos. Cuando por fin nos conocimos, nos enamoramos a primera vista en la primera cita. Pasamos los siguientes meses juntos todo el tiempo que no trabajábamos. Yo lo amaba, mi familia también, y él parecía el individuo más dulce que habíamos conocido.

Luego, cuando tenía dieciocho años y mi confianza era más grande que nunca antes, descubrí que mi primer amor me engañaba con otra. Conmocionada y con el corazón roto de nuevo, me volví a sentir avergonzada y herida; perdí toda la fuerza y seguridad. Todo se evaporó. Mi nueva imagen personal se desmoronó en unos cuantos segundos, y todos los sentimientos de humillación y vergüenza del pasado volvieron a mí pero más exaltados. No obstante, en esa ocasión fue todavía peor que antes porque yo realmente estaba convencida de que había dado vuelta a la página y ahora seguía un nuevo curso en la vida. No fue sorprendente que recurriera a las drogas otra vez para sobreponerme a esa difícil situación. A pesar de que mi novio quería que continuáramos juntos y dijo que la otra no significaba nada, yo estaba tan avergonzada y enojada que no lo acepté. No iba a dejarlo salirse con la suya aunque eso significara perder a la persona que más había amado.

Así que volví al principio y traté de descubrir en quién tendría que convertirme para ser amada y encontrar a un hombre que me fuera fiel por siempre. Refiné mis máscaras, me esforcé por ser más inteligente y exitosa, pero, sin importar lo que hiciera, siempre había algo que me volvía a derribar y obligaba a confrontar a la jovencita que no tuvo el valor ni la confianza para ser ella misma. Siempre hubo una mala relación, un resultado decepcionante, un desaire, o un fracaso que me volvía a hacer sentir débil y mínima, incluso a pesar del éxito, cada vez mayor, que estaba teniendo en el mundo exterior. Las opiniones que tenían los otros sobre mí, siguieron siendo el termómetro para medir mis logros. Gastaba más tiempo y dinero tratando de lucir bien, que cuidando la forma en que me sentía interiormente; lo único que me importaba era el mundo externo. Elegía a mis amigos por su nivel de popularidad e importancia, y me esforzaba mucho por ser una mujer que mostraba confianza en sí misma.

Para cuando tuve poco más de veinte años, había logrado crear, con bastante éxito, una imagen que habría podido engañar incluso al detective más astuto. Mi fachada funcionó bien por años, hasta que se volvió a quebrar cuando perdí el control en mi uso de drogas y, de manera oficial, me convertí en una chica linda con un problema bastante terrible, es decir, era una adicta. Entonces supe que tenía que buscar ayuda o, si no, moriría. Ingresé a mi primer tratamiento en un centro de rehabilitación y, como no funcionó, fui a otro, y a otro. Luego supe que había llegado mi última oportunidad, me relajé y, curiosamente, encontré lo que necesitaba: en el piso de un baño del Centro de Tratamiento West Palm Beach, en donde me conecté con un poder mucho más inmenso que yo. Por primera vez dejé de sentirme atemorizada, insegura, sola y débil, y logré tener paz, tranquilidad y confianza.

Esta conexión la mantuve sólo algunos segundos. Sin drogas, azúcar, hombre o dinero, encontré el valor necesario para luchar contra mi enfermedad (es decir, todo el desequilibrio que había en mi mente, cuerpo y espíritu) y para ganar la guerra interna que se libraba en mi interior. En aquel sucio piso del baño, en el centro para tratamiento de adicciones, encontré mi fuerza y poder, y, por primera vez en la vida, me sentí libre y supe que, aunque no lo entendía del todo bien, acababa de descubrir la clave de mi confianza y valor. Cuando finalmente logré levantarme del suelo, supe que todo aquel tiempo había hecho falta algo dentro de mí, y que la clave era aquel vínculo interno del que yo no sabía nada. Mi poder interno estaba tratando de entregar un mensaje que cambiaría mi vida para siempre y, en muy poco tiempo, descubrí que el culpable de todo era el miedo.

LA INFLUENCIA DEL MIEDO

El miedo es una emoción muy real que nos puede incapacitar. Gran parte de nuestro poder se encuentra en las decisiones que tomamos y en nuestros actos; cada elección nos lleva por el mismo camino de siempre, o nos impulsa hacia un nuevo futuro. Sin embargo, sin advertencia alguna, el miedo también puede asumir el control.

Hay tanta confusión en nuestros corazones y mentes, que resulta muy sencillo perder de vista lo que de verdad es importante. En la vida hay toda una miríada de sucesos que influye sobre nosotros: tanto los gozosos y llenos de alegría, como los que nos abruman y hacen sentir molestos, tristes o llenos de pesar. Todos los días tomamos decisiones y nos enfrentamos a las distintas posibilidades que le dan forma al futuro. Pero por desgracia, muy a menudo tomamos esas decisiones como si no significaran nada, como si no tuvieran consecuencias o como si, en todo caso, pudiéramos lidiar con éstas más adelante: mañana, la próxima semana o cualquier otro día. Sin embargo, nuestras decisiones cotidianas pueden mermar la autoconfianza o fortalecer el carácter y hacernos sentir más sólidos y vivos. Nuestra capacidad para vencer al miedo y actuar con valor, depende de si las decisiones que tomamos son producto de la planeación y el análisis, o si sólo actuamos en piloto automático (ese estado en el que no pensamos ni sentimos, y que nos lleva a repetir los viejos patrones de siempre).

Si tú creciste sin un sólido sentido del yo, entonces lo más seguro es que hayas estado adivinando tu camino todo el tiempo. Confundido por ese bullicio tan lleno de dudas que se generaba en tu interior, probablemente te encogiste ante la adversidad, te escondiste cuando debías ser visto y te mantuviste callado cuando era necesario que hablaras. El miedo hace que elijas aquello que crees que te mantendrá a salvo pero, en realidad, es completamente al revés. El miedo te hará creer que no puedes hacerlo, que estás equivocado, que el costo es muy alto y que el camino que tienes al frente es demasiado difícil. El miedo te dirá, "Ni siquiera lo pienses, mantente donde estás; no es el momento indicado para lidiar con esto". Sin embargo, todas estas son mentiras que hacen que el miedo domine mientras tú quedas paralizado. Son las mentiras que siembran la mediocridad y garantizan que no tengas una vida plena. Son las mentiras que debes confrontar si deseas eludir un futuro predecible y anhelas una vida infinitamente hermosa aunque sorpresiva.

El temor es muy persuasivo. Se disfraza con la Voz de la Incertidumbre y te infunde preocupación, duda e incluso terror. Con su interminable arenga te mina y te hace caer en un circuito de autocrítica. Su dudoso poder proviene de su capacidad para hacer que te apartes de tu verdad más importante y sucumbas al dolor del pasado. Cada vez que el miedo gana, tú pierdes. Cada vez que elijes temer, pierdes de vista tus aspiraciones más importantes. Caes presa de la historia que te controla en lugar de levantar la frente hacia el futuro que deseas y mereces. El miedo te grita: "¡No olvides! ¡No dejes atrás resentimientos, enojo, pesar ni excusas!" El miedo te provoca y te dice que, seguramente, vas a fallar. Con toda alegría te recuerda las veces que intentaste llegar a algún lugar y no lo lograste. El miedo es ese aburrido monólogo que te infundieron desde que eras muy niño; aquel, pletórico de advertencias como: "Ten cuidado, esto no puede durar. No lo mereces. Nadie puede tenerlo todo. ¿Quién te crees que eres?" Y en lugar de ponerte de pie y responder, "Soy un ser poderoso, confiado y valioso", sucumbes al miedo, agachas avergonzado la cabeza y continúas en el sendero por el que siempre has viajado a pesar de que no te agrada, a pesar de que sabes que te está matando.

Lo más deprimente de todo es que, si no emprendes la batalla contra el miedo y lo vences, año con año, esa voz ser hará cada vez más fuerte. Llegará a ser tan abrumadora como una tormenta tropical. Antes de que puedas darte cuenta, el miedo tendrá la furia y el poder de un huracán que arrastra tu vida y destruye todo por lo que trabajaste y con lo que soñaste.

Si no tienes claro de qué manera te habla la Voz del Miedo, entonces pregúntate si alguna de las siguientes frases te suena familiar:

Eres demasiado gorda.
Eres demasiado vieja.
Eres demasiado bajita.
Eres demasiado estúpida.
No tienes preparación.
Nadie te quiere.
Nunca vas a pertenecer.
Serás rechazada.
Eres una buena para nada.
Jamás llegarás a ser alguien.
Tu tiempo ya pasó.

Tal vez también te grita cosas como:

Todo es culpa tuya.
Tomaste las decisiones incorrectas.
Tu oportunidad vino y se fue.

Quizá tu Voz del Miedo es más bien como un susurro que siempre murmura:

¡Cuidado!
¡Alerta!
¿Qué van a pensar de ti?
Te van a molestar, a marginar, a avergonzar.
Quedarás como tonta.

Tal vez la Voz del Miedo es una voz de duda:

¿Y qué tal si te equivocas?
¿Qué tal si no hay nadie para mí?
¿Qué sucederá si no puedo conseguir otro empleo?
Todo debe ser culpa mía.
No des un paso más, no hasta que estés completamente segura.
Hay alguien que es mucho mejor para ese puesto.
Nunca aprecio ni agradezco lo que tengo, por eso nada me
  sale bien.

Posiblemente la Voz se entromete en tus relaciones y te dice:

¡No confíes!
¡No abras la boca!
¡No expreses lo que necesitas!
¡No des demasiado!
¡No abras tu corazón!
¡No lo vuelvas a intentar!
¡No pierdas el control!

Tal vez la Voz del Miedo es una voz de negación:

Algún día... algún día...
Lidiaré con esto después.
Ya estoy mejor.
Mira hasta dónde he llegado.
Ya hice suficiente.
Si esto es todo lo que me toca, está bien.

Quizá la Voz del Miedo está a la defensiva o atribuye culpas:

¡Todo es culpa de ellos!
Esto no debió sucederme a mí.
¿Por qué tendría yo que cambiar?
¿Por qué tendría que sobreponerme a esta situación?
¿Por qué tengo que perdonar?

¡Ya les mostraré de lo que soy capaz!
Ellos me atacaron a mí
El mundo entero está en mi contra.

Tal vez la Voz del Miedo adopta la forma de la confusión:

No sé qué hacer.
Estoy estancada.
Necesito ayuda.
Me siento abrumada.
No sé qué quiero.

Tal vez el miedo se muestra en la forma de una obsesión personal que te dice, una y otra vez, por qué no mereces el cuerpo que deseas, el amor que mereces, la salud y la vitalidad, la carrera o la intimidad que buscas tener.

O tal vez se aparece como el consabido discurso de lástima que se escucha cuando no se digiere ni se cura el verdadero pesar:

No sé si alguna vez me sobrepondré a esto.
No puedo creer que me haya ocurrido a mí.
No creo que alguien pueda entender por lo que acabo de
*   pasar.*
Finalmente, a nadie le importa.

La mayoría se tiene que enfrentar a sus miedos varias veces al día. Cuando eso sucede, los eludimos, negamos o evitamos con una coraza. Para tener acceso al valor debemos descubrir, aceptar y recibir a nuestros miedos, y la única manera de hacerlo es reconociéndolos como son. Es decir, debemos aceptar que son ideas falsas producto de experiencias del pasado, o parte del desafío de crecer. El miedo se funde con nuestro sistema operativo humano, ya que, aunque es una emoción útil, también puede tornarse muy, muy negativa.

Es probable que, por lo general, intentes ignorar tus miedos y eso no funciona. Sin importar cuánto te esfuerces, en momentos de estrés o dolor espiritual, siempre vuelven a aparecer a menos de que los enfrentes. Puedes comer para paliar tus temores. Puedes beber, comprar, mantenerte ocupado, realizar más actividades, quejarte, chismear, etcétera. Es decir, puedes hacer todo lo anterior para adormecer tu percepción e ignorar el obstáculo que hay entre tú y el valor. Pero una vez que aceptas tus temores particulares e identificas cuán grande es el costo de permitirles regir tu vida, entonces consigues un poco más de espacio para respirar y pensar con mayor claridad y entendimiento. Ése es el momento en que aceptas tus miedos y dejan de dominarte.

Tal vez ya conoces el viejo dicho: "Lo que resiste, persiste". Pues bien, entender esta frase es la clave para aceptar tus miedos. Resistirse, juzgar y odiarlos, sólo les otorga mayor fuerza. Si los ignoras, los juzgas o los ocultas, en realidad les estás confiriendo todo el poder. Para reclamar ese poder debes abrir el corazón hacia la parte de ti que está herida: hacia tu Gatito Miedoso.

A mí me encanta amar y consentir a esa parte de mí que sigue siendo el Gatito Miedoso. Ya no trato de ahuyentarla ni de convertirla en algo que no es, porque sé que es esa porción de mí que carga con el miedo. Cada vez que dejo, rechazo o maltrato a mi yo temeroso, termino cayendo en una espiral de negatividad. En cambio, si lo acepto y me mantengo abierta para recibir los cambios que me ofrece, puedo encontrar el camino a la confianza y el valor que necesito para ser quien soy de manera auténtica.

A pesar de que el miedo suprimido es el culpable de un sufrimiento enorme, al aceptarlo actúa como el combustible que te impulsa hacia un mundo de valor y confianza. Familiarizarse con el miedo vale mucho la pena porque te motiva a avanzar en aspectos de tu vida en que no eres plena aún, o que implican un desafío emocional.

Observemos nuestras heridas sagradas, cubiertas por el miedo. Ahí encontraremos la clave para aclarar nuestras mentes y revivir el corazón de guerreras. Además, así avanzaremos más en el camino para alcanzar la confianza y el valor que transformarán nuestras vidas.

Confianza divina

Desde el principio de todos los tiempos, las mujeres han escrito para otros acerca de la confianza. La autora Astrid Alauda, señaló:

> He pasado la mayor parte de mi vida caminando bajo esa nube que se cierne sobre mí: los celos. Su lluvia ácida nubló mi vista y perforó mi corazón. Cuando aprendí a usar el paraguas de la confianza, los cielos se aclararon y los rayos del sol llamado gozo, se convirtieron en mis fieles compañeros.

Parece que la confianza es una de esas cualidades de las que todas deseamos tener siempre un poco más. Creemos que este sentimiento de motivación es la respuesta a nuestros sueños y nos permitirá pedir lo que deseamos, hablar con fuerza cuando nos ignoran, y nos dará la habilidad de manejar cualquier dificultad que se nos presente en el universo. En pocas palabras, creemos que hará mejor nuestra vida. Efectivamente, esta creencia se basa en un hecho verdadero: la confianza sí hace nuestra vida mejor, mucho mejor. Sin embargo, existe un tipo de confianza que va más allá de la definición que podemos encontrar en el diccionario o en los seminarios motivacionales. Estamos a punto de dejar de buscar ese elusivo concepto para, de una vez por todas, proclamarlo.

Es común que usemos los términos "confianza" y "confianza en uno mismo" de manera intercambiable; sin embargo, si deseamos asumir el control de nuestra valentía, es necesario conocer las diferencias entre ambos. Cuando hablamos de confianza en general, es común que nos refiramos a situaciones y circunstancias "del exterior". Acostumbramos decir cosas como "Tengo confianza en que todo saldrá bien. Confío en que todo mundo llegará a tiempo. Tengo confianza en que el sistema judicial prevalecerá. Confío en que harán lo correcto". A pesar de que las aseveraciones anteriores provienen de una creencia personal, este tipo de confianza siempre depende de algo externo.

La confianza personal es creer en una, confiar en nuestras propias fortalezas y capacidades. Este tipo de confianza tiene fuertes vínculos con la autoestima; es una especie de fe en nosotras. Resulta interesante señalar que, a menudo, mostramos autoconfianza en ciertos aspectos pero no en otros. Es muy común: una mujer que cuida y cría a sus hijos con confianza, a veces no puede dirigir un negocio; alguien que tiene confianza para entender información técnica muy compleja, no puede sostener una conversación con otra persona; o un artista que se muestra confiado en el escenario, frente a miles de personas, no puede tener una relación cercana e íntima.

La verdad es que todos necesitamos de ambos tipos de confianza; son las dos caras de la moneda. El estado de nuestras vidas personales y de nuestro mundo en su totalidad, nos exige entender la confianza a un nivel mucho más profundo y familiarizarnos con la verdadera fe que sustenta todo este concepto.

Cuando empezamos a explorar la noción de confianza debemos distinguirla de la "confianza falsa" o estructura del ego. La confianza falsa está diseñada para ocultar nuestras inseguridades y hacernos creer que nos encontramos bien.

La función del ego es distinguirse entre otros y, por lo tanto, desde muy temprana edad nos hacen creer que somos seres humanos individuales y estamos separados de todo y todos los demás. A medida que pasan los años y, tras escuchar el repetitivo discurso del ego, nos convencemos de su autoridad, llegamos a creer en la desesperanzada noción de que no formamos parte de ningún plan divino. El ego tiene un empleo de tiempo completo: mantener la idea de la separación a partir de acciones como juzgar, comparar y distraernos. Juzgamos que somos mejores o peores que alguien más, que somos más o menos afortunadas que alguien más, más hermosas que una persona o más feas que alguna otra, que somos especiales, que somos más o menos importantes. Esta letanía de comparaciones se escucha todo el tiempo en los dominios del ego.

El ego emplea esta estrategia de distracción para impedirnos cuestionar, explorar y, tal vez, llevar a cabo una reflexión intensa o, Dios no lo quiera, a una verdad más profunda. El ego se mantiene muy bien mientras permanece en su zona cómoda y solitaria. Asimismo, al igual que cualquier pareja involucrada en el peor tipo de relación co-dependiente, el ego no quiere que nos involucremos emocionalmente con una realidad superior. Es por ello que, cuando nos distraen los placeres culpables, trivialidades, fantasías, adicciones y los problemas de otras personas, podemos estar seguras de que es nuestro ego el que tiene el control.

En este paradigma reforzamos las inseguridades porque comparamos y juzgamos; sin embargo, el mayor problema es que el ego es en realidad un pozo sin fondo. Al igual que los miedos que los sustentan, es común que los diversos mecanismos de defensa del ego lleguen acompañados de voces insistentes, fuertes y arrogantes que suenan así:

Si yo dirigiera el mundo, sería un lugar muy distinto.
Si yo estuviera a cargo, las cosas serían diferentes.

Yo sé qué es lo mejor para _____ *.*
Si tan sólo me hubieran escuchado.
Yo soy más inteligente que cualquiera de los estúpidos que
    están aquí.
El mundo entero está repleto de idiotas.
Si no tuviéramos que trabajar con todos estos incompetentes,
    todo saldría bien.
No necesito a nadie.
Las reglas no aplican para mí, yo puedo hacer lo que me
    venga en gana.
Yo estoy completamente a otro nivel.
Soy mejor que ellos.

Todo lo anterior es parte del bravucón espíritu del ego disfrazado de confianza. Es lo que usamos como mecanismo de defensa; mantiene intacta nuestra imagen personal; es ese Yo prefabricado con el que tanto nos identificamos. La falsa confianza nos impide ver quiénes somos en realidad y llegar al estado del ser donde radica la confianza genuina en nosotras mismas. No obstante, su efectividad no dura mucho. Esta falsa autoconfianza en realidad nunca cumple la labor que tiene como mecanismo de defensa: protegernos de nuestras inseguridades más profundas. Podemos estar vestidas y alborotadas, listas para salir y, de repente, basta con que alguien pase y nos mire feo, para que vuelva la inseguridad y asome su espantosa cabecita. Las inseguridades nos pueden invadir en cualquier momento y apartarnos de nuestra noción de plenitud debido a que, para empezar, en realidad nunca confiamos de manera absoluta en nosotras.

Invariablemente la falsa confianza sólo funciona cuando te convence a ti y a todos los demás de que tienes todo bajo control. Sin embargo, cuando se enfrenta a una experiencia que no le agrada, siempre aplica su propia forma de castigo: como cuando nos cuestionan, nos ignoran o dudan de nosotras. En ese momento, sin ningún titubeo, la falsa confianza se transforma en su propio infierno y te juzga por haber perdido en ese juego que ella misma propuso y que, de antemano, sabía que no podías ganar. Entonces puedes estar segura de que el ego, una vez más, tiene el control. En lugar de ayudarte a que te levantes del suelo de la derrota, el ego procede a hacerte pedazos y desmoronar cualquier cantidad de confianza que aún te quede. En lugar de sentir compasión, tú misma empiezas a castigarte, a examinar tu comportamiento a través de la lente del perfeccionismo. O en lugar de aceptar tus logros, los devalúas al compararte con otros. Si acaso el impacto de este juego no fuera lo suficientemente devastador, entonces podríamos sólo describirlo como el patrón más aburrido y predecible que se pueda imaginar. En pocas palabras, no podemos simplificar el asunto porque eso resultaría trágico. La estructura del ego nos hace permanecer enfocadas en nuestras propias vidas y actuar en un escenario mínimo en donde sólo hay espacio para un actor, un Yo apartado de todo lo demás. Pero la verdad es que nadie nace con una vida insignificante, no hay una sola vida que no le añada un valor inconmensurable a todo lo demás que existe.

Lo anterior es verdad y, en el fondo, lo sabemos bien. Sin importar cuán débil sea, siempre escuchamos el llamado que nos convoca para dirigirnos a una vida más plena. Esta vida está construida sobre cimientos de autenticidad y nos pide que reflexionemos sobre lo que es la confianza genuina. ¿Qué deberíamos saber para encarnar la confianza real y auténtica? Para tener acceso a ella debemos salir del miedo, producto de la estructura individualista del ego, y habitar un mundo nuevo, el paradigma de un vínculo con una fuerza mayor que nosotras mismas. Tal vez no sea sencillo apartarse del miedo, pero sí es una elección posible y, más que elección, implica una suerte de transformación. Nos lleva a un lugar donde debemos reordenar nuestra forma de pensar completamente.

LA REINA DEL BAILE

Para cuando cumplí veintitantos, ya había aprendido a lucir como una mujer confiada a pesar de que no lo era. Practicaba siendo una de las parranderas populares de Miami y lo más importante era que me sentía especial. Trabajaba como directora de membresías del Cricket Club, uno de los centros nocturnos más elegantes de Miami. Deseé muchísimo aquel empleo porque estaba segura de que me conferiría un poder que le vendría muy bien a mi confianza, y porque haría que sobre mí se cerniera una luz fulgurante. En aquel tiempo Miami era bien conocido por sus clubes privados, donde la gente llegaba en marejadas para sentirse especial y viva. Todo mundo se engalanaba y llegaba para tener una prolongada noche de bebida, baile y fiesta que, finalmente, terminaría en sexo grandioso. Ahora yo decidiría quién entraba en uno de esos exclusivos clubes y quién debía esperar en la fila durante horas. Así que, todas las noches, me ponía alguno de mis muchos vestidos de la era disco y me iba a mi importantísimo trabajo. Por fin sentía que era alguien de verdad.

Con frecuencia nos visitaban príncipes, princesas, condes, duques y otros dignatarios. Siempre llegaban ataviados con los trajes italianos y vestidos parisinos más hermosos posibles, y acompañados por séquitos de guardaespaldas y otros acompañantes. Mi labor era recibirlos y asegurarme de que tuvieran las mejores mesas, que los atendieran como... pues como a la realeza misma. Y como siempre gastaban una fortuna en el club, tratarlos tan bien parecía justificado. Una noche nos visitó un conde europeo que se obsesionó conmigo. Por supuesto que, cuando me invitó a cenar y beber unos tragos con su grupo, el peso de mi autoestima se incrementó unos diez kilos. Como yo no podía realmente abandonar mi lugar, le dije que me sentaría con ellos cuando ya no tuviera tanto trabajo. El conde y sus acompañantes eran tan divertidos y diferentes a las demás personas con las que yo había conversado, que quedé fascinada.

Al siguiente día recibí dos docenas de rosas con una invitación para ir con el conde, como su pareja, a París a atender algunos "asuntos" (término que él usaba para referirse a "fiestas"). Ese mismo día comimos juntos. Como podrás imaginarte, yo quería tener una aventura romántica como cuento de hadas, pero también sabía que no estaba preparada para lanzarme a la cama y tener una relación con ese hombre. Mi atracción por él no era producto del amor sino de la curiosidad. Hablamos sobre su proposición, le expliqué cómo me sentía al respecto y le dije que, aunque sonaba como un viaje maravilloso, no quería ir si lo que esperaba era que me acostara con él. Se lo expliqué de todas las maneras posibles porque sabía que, de otra manera, tendría problemas más adelante. Era evidente que si un hombre del *jet-set* quería llevar a una mujer de Miami a París en primera clase y con todos los gastos pagados, era porque, por lo menos, existía la posibilidad de que hubiera sexo entre ellos. El conde me aseguró que ésa era la menor de sus preocupaciones y conocía a montones de mujeres dispuestas a tener relaciones sexuales con él. Lo evidente de la verdad nos hizo reír mucho a ambos y, con eso, cerramos el trato. Aún un poco titubeante y con una sombra de duda, acepté. Hablamos sobre las distintas fiestas que habría y quiénes asistirían: dignatarios de todo el mundo. Como yo no conocía a ninguna de esas personas, sólo continué asintiendo con la cabeza para parecer más de mundo de lo que en realidad era entonces.

El conde me preguntó si tenía el tipo de ropa adecuada; yo no tenía idea de lo que él consideraba "adecuada", pero le dije que tenía algunos vestidos como el que usé la noche que lo conocí, y que me parecía asombroso por cierto. Él insistió en que eso no sería suficiente para el fin de semana y que, antes de ir a París, haríamos una parada en Nueva York para ir de compras. Yo acababa de entrar en el mundo de fantasía de toda joven.

Dos semanas más tarde, poco después de sostener algunas conversaciones telefónicas, ya me estaba preparando para viajar a Nueva York e ir de compras con el conde. La aventura estaba a punto de comenzar. Me recogieron en mi departamento, me llevaron al aeropuerto de Miami y me pusieron en un asiento de primera clase a Nueva York. No sabía si él estaba bromeando, pero me dijo que lo único que necesitaba llevar era mi cepillo de dientes y él se ocuparía de todo lo demás, incluso las maletas apropiadas. Me recogieron en el aeropuerto de Nueva York en un increíble auto negro muy elegante y me llevaron al Hotel Pierre, donde me recibió un portero con todo y guantes blancos. Rápidamente me llevó a la habitación en la que me esperaba el hombre al que ahora llamaría "mi conde" (no sé por qué, pero en realidad no deseaba que fuera "mi conde" sino mi amigo). Al llegar a la lujosa suite noté que sólo había una cama King size, por lo que le pregunté si había ordenado que se hiciera algún cambio más adelante. Él me prometió con mucha amabilidad que no se arrimaría hacia mi lado de la cama y respetaría nuestro acuerdo, así que respiré tranquila. Después de una cena maravillosa nos fuimos a dormir temprano porque sólo tendríamos un día en Nueva York para realizar todas las compras.

El día siguiente fue, en definitiva, como sacado de película. Primero pasamos a Louis Vuitton para comprar mis maletas, y luego nos detuvimos en cada una de las tiendas de diseñador de la Quinta Avenida. Finalmente llegamos a Yves Saint-Laurent, donde me compró tres de los más hermosos trajes de noche, abrigo, joyas, zapatos y bolsos. Aunque no tuviera nada más, me iba a ver sensacional. Con cada bolso y brazalete mi confianza se elevaba y mi sueño dorado se iba haciendo cada vez más real. Anteriormente ya me habían dado obsequios caros y hermosos, pero esto iba más allá de todo lo imaginable. Recuerdo que tan sólo el abrigo costaba más que todo mi guardarropa para un año. Entonces noté lo emocionado que estaba el conde de poder vestirme y asegurarse de que todos voltearían a admirar a la mujer a la que llevaría del brazo. Aquella noche, cuando llegamos al hotel y nos dejamos caer exhaustos en la cama, él se comportó como un caballero.

A la mañana siguiente abordamos el vuelo sin escalas del aeropuerto John F. Kennedy de Nueva York, al Charles de Gaulle en París. A pesar de que apenas era de tarde al llegar, deseaba tomar un prolongado baño y dormir toda la noche. Nos llevaron al Hotel Plaza Athénée y nos hospedaron en la suite más bella que yo jamás había visto. Quedé maravillada por todos los detalles: los blancos, los cortinajes, los sillones antiguos y los armarios. Nos refrescamos, comimos algo y nos dispusimos a dormir una segunda noche que pasó sin mayor problema.

La primera gran fiesta tendría lugar al día siguiente, que era viernes. Se trataba de un baile formal con un *after-party* en el famoso club nocturno Régine's. En cuanto me puse uno de los vestidos nuevos, sucedió una metamorfosis. Con cada zapato y guante, con el brillante collar y el asombroso abrigo, poco a poco me fue invadiendo un tipo de confianza que ni siquiera sabía que existía. Sentí como si valiera un millón de dólares y estaba segura de que también lucía así. El baile fue increíble, como algo que sólo habría vivido en el cine y comiendo palomitas. Las mujeres estaban exuberantemente vestidas con trajes de alta costura y joyería de valor extraordinario. El conde parecía conocer a todo mundo y, cuando pronunciaba mi nombre con su acento, a mí me sonaba como si estuviera presentando a una famosa *socialité* de los Estados Unidos.

Al terminar el baile fuimos al *after-party* y seguimos bailando hasta las primeras horas del amanecer; volvimos al hotel a las 6:00 de la mañana, aproximadamente. Así era París en aquel tiempo. Cuando me metí a la cama me di cuenta de que el conde se había acercado demasiado a mí. Le dije con amabilidad que estaba muy cansada y necesitaba dormir. Le agradecí que aquella noche resultara mágica, le agradecí todo el viaje. En cuanto giré, me pareció escuchar un quejido de disgusto pero creí que sería mejor ignorarlo.

Al día siguiente, cuando despertamos, era obvio que había tensión entre nosotros, por lo que me sentí incómoda. Mi confianza de princesa de cuento de hadas comenzaba a menguar o, por lo menos, la confianza en que aquel hombre cumpliría su palabra. Como pasamos la mayor parte del día dormidos, sólo nos dio tiempo de vestirnos para el segundo evento. Me puse mi vestido favorito entre todos los nuevos: uno rojo de satín con aplicaciones de terciopelo negro. Era corto del frente y largo de la espalda (creo que me deshice de él cuando tenía cuarenta y tantos años porque al fin entendí que no tenía dónde volver a usarlo). Si acaso creí que la noche anterior había sido un sueño hecho realidad, ésta la superó por mucho. El ambiente de celebración aligeró la tensión y me di cuenta de que el conde bailaba muy bien.

Una vez más, salimos en la madrugada y llegamos muy tarde al hotel. Eran las 4:00 de la mañana. Entré al baño para quitarme el vestido, y el conde tocó la puerta; dijo que necesitaba pasar un instante. Me envolví en una toalla y abrí la puerta. Y entonces, con una voz fuerte y ruda, dijo: "¡Debes ser mía esta noche!" Con toda la amabilidad que pude, le dije que no estaba preparada para tener relaciones sexuales con él, ya lo habíamos hablado y teníamos un acuerdo. Pero jamás imaginé cuál sería su respuesta.

Aquel sofisticado, casi recatado hombre, se transformó en un maniático iracundo y hostil. Con toda presteza me echó en cara todo lo que había hecho por mí, cada dólar que había gastado. No dejaba de repetir: "¿Quién te crees que eres?" Yo no podía pensar en nada más. "¿Quién te crees que eres? No eres nadie." Mi conmoción se tornó en terror muy pronto. ¿Qué iba a hacer? Estaba en París y no conocía a nadie, pero no podía acostarme con él. Si en algún momento hubo una posibilidad remota de tener un romance, en ese momento él la hizo desaparecer por completo. En unos cuantos segundos dejé de sentirme una mujer poderosa, segura de sí misma y confiada, y me quedé petrificada como una chiquilla. Toda la autoconfianza que me permitió entrar en aquellas fiestas como "La chica" de Estados Unidos, me abandonó por completo. Ahora sólo me sentía como una putita de Miami Beach.

Aquella noche, cuando nos acostamos, yo no tenía idea de cómo iba a dormir. Por dentro estaba paralizada de miedo, y con toda razón. El conde hizo un segundo intento, volvió a exigirme tener sexo con él y, tras mi negativa, se mostró iracundo. Comenzó a gritarme: "Podría aventarte por la ventana ¡y a nadie le importaría! ¡Nadie se enteraría!" Hundí el rostro en la almohada, lloré en silencio y traté de pensar en mis opciones. No tenía mucho dinero y no sabía dónde estaban mi boleto y mi pasaporte. Me quedé inmóvil hasta que estuve segura de que se había quedado dormido, y entonces traté de reunir todo el valor posible para salir de ahí. Sabía que debería escabullirme o, si no, sucedería algo terrible, de eso estaba segura. No era un hombre consciente que podría sentir vergüenza de hacer algo malo; acababa de ver su lado oscuro y no quería involucrarme en absoluto con él.

Estando ahí petrificada en la cama y aunque no sabía exactamente a quién, continué rezando febrilmente por ayuda y seguridad. Pedí valor, fuerza y refugio; me aterraba que aquel hombre pudiera lastimarme. Y de pronto, me vinieron a la mente algunos fragmentos de algo que dijo Eleanor Roosevelt. A pesar de que no recordaba las palabras con exactitud, sí tenía muy presente el mensaje: "Debes hacer eso de lo que crees no eres capaz". Entonces mi miedo trató de distraerme: "Se va a despertar. Sólo falta un día, ten sexo con él y acaba con este asunto". Pero luego, volví a escuchar aquellas palabras: "Debes hacer eso de lo que crees no eres capaz." Yo creía que no podía huir de ahí, por eso supe que era precisamente lo que debía hacer.

Como a las seis de la mañana me escabullí de la cama, abrí una de las maletas nuevas y metí a apretujones lo poco que había traído conmigo, además de mi vestido nuevo favorito y el abrigo. Él podía hacer lo que quisiera con el resto. Busqué mi pasaporte, temerosa de que el conde lo hubiera guardado en la caja fuerte, a la cual yo no tenía acceso. Por suerte, estaba en su portafolio. Los boletos, por desgracia, no aparecieron por ningún lugar. Tomé unos cuantos francos de su cartera sin saber siquiera a cuánto ascendían en dólares, pero consciente de que necesitaba lo suficiente para llegar al aeropuerto. Poco después de guardar mis objetos personales, reuní valor suficiente para salir por la puerta. Caminé con rapidez por el hotel porque sabía que, en cuanto se diera cuenta de que había huido, llamaría a la recepción para que me detuvieran. Sólo Dios sabía lo que podía suceder. El conde ya me había dicho, con una seriedad que yo jamás había visto en mi vida, que me podía lanzar por la ventana, así que la posibilidad de que me acusara de robo o de algún otro crimen, no era nada descabellada.

Al salir del hotel levanté la cabeza en alto, abordé un taxi y le solicité al conductor que me llevara al aeropuerto Charles de Gaulle. Como no había celulares en aquel tiempo, tendría que llegar al aeropuerto para echar a andar mi plan. Por suerte contaba con una tarjeta, y esperaba tener suficiente crédito para volver a casa ese mismo día. Tuve que esperar en el aeropuerto casi veinticuatro horas antes de abordar el vuelo más económico. Cuando finalmente encontraron un boleto que yo podía pagar, subí hasta el fondo del avión y esperé que iniciara mi largo viaje a casa, viaje que incluiría cuatro escalas. Me sentía desvalorada, pero más fuerte que nunca antes porque, quizás por primera vez, tuve la dignidad y confianza para defender mi verdad.

Ése fue el día que encontré un pozo de valor que ignoraba poseer. Aproveché mi profunda reserva para enfrentar una situación terrible. Dos años antes, cuando todavía era aquella chica complaciente, lo más probable es que le hubiera dado al conde exactamente lo que quería. Así de desesperada estaba por obtener amor y aprobación. No obstante, mi coraje me sacó de aquella cama de hotel y me ayudó a buscar mi pasaporte a hurtadillas. Incluso ahora, cada vez que estoy asustada y me cuesta trabajo reunir valor, siempre evoco esa experiencia para acceder al poder que habita en mi interior. No siempre puedo verlo o sentirlo, pero sé que está ahí.

La confianza divina es un sentimiento diferente: es una confianza que no se puede arrebatar. Resulta curiosa la manera en que la buscamos sin detenernos; tratamos de alcanzarla por medio de nuestros logros y habilidades porque no proviene sólo de ser bueno en algo, de contar con grandes cantidades de información, ni de tener una nutrida cuenta bancaria. Este tipo de confianza no se puede encontrar "allá afuera" porque está dentro de ti, es parte de tu ADN sagrado. Así que, cuando te conoces a ti misma, cuando en el fondo sabes que estás aquí para cumplir un propósito mayor, la confianza divina aparece y se hace palpable. Y cuando reconoces, honras y nutres tu vínculo con el infinito, entonces por tus venas empiezan a correr la temeridad y la fe que conforman la confianza divina.

La clave para abrir la puerta de la confianza divina, es la verdad. Pero ésta no es sólo un concepto que se entiende con la mente, algo que se puede tocar cuando se filtra a través de la estructura del ego humano. No, se trata de una verdad mucho más humilde que eso, una verdad que sólo se puede percibir cuando sales de tu mente y entras a tu corazón. Si te cierras a esta verdad, entonces quedas a expensas del limitado poder de la voluntad humana que, tal como todos pueden atestiguarlo, jamás sale al rescate cuando más la necesitas.

Ésta es una verdad de la que se ha hablado desde el principio de todos los tiempos. Ha sido un superpoder secreto para quienes confían ciegamente en que están en este planeta porque tienen un propósito divino. La mayoría de nuestros grandes líderes y sabios han alcanzado esta verdad poniéndose por encima del gran engaño que es el ego humano.

¿Pero cuál es esta verdad? ¿Qué nos brindará acceso a esta profunda y poderosa fuerza? ¿Por qué estamos aquí? La respuesta a esta pregunta podría ser la piedra angular del libro, y el eje central de todo mi trabajo. Estamos aquí por una sola razón: *para acercarnos a la fuerza divina que gobierna el universo, sin importar si tú la llamas Dios, Espíritu, Amor o Poder supremo.*

Todas las experiencias, positivas o negativas, nos pueden conectar con nosotros mismos y recordar quiénes somos y por qué estamos en este hermoso y vulnerable planeta. Finalmente, todos los desafíos que enfrentamos son oportunidades para vincularnos con nuestra misión. Nos llegan de maneras muy distintas. En algunos casos el catalizador para recordar la verdad llega como un problema personal relacionado con la familia, las relaciones íntimas, la salud, el peso corporal, el dinero, la pérdida de un empleo, o alguna adicción. Todo lo anterior nos puede suceder de manera directa o le puede pasar a alguien cercano. En otras ocasiones el catalizador aparece a una escala mayor, como un tornado, terremoto, tsunami, inundación o guerra que nos deja sin hogar. Todos enfrentamos desafíos que, normalmente, entendemos como problemas que debemos resolver, y no como oportunidades para crecer. Por lo general, la cultura y nuestras familias nos programaron para considerar que las experiencias difíciles y dolorosas son sucesos desafortunados, algo que, sencillamente, debemos superar. Siempre tratamos de olvidarlos en lugar de reconocerlos como el santo grial que restaura el propósito natural de que estemos vivos en este planeta.

La confianza legítima, es decir, la confianza divina, proviene del conocimiento profundo de que somos seres espirituales y completos, seres humanos que, de una forma misteriosa y magnificente, son parte del Uno y están integrados con todo lo demás. La confianza real nos eludirá hasta que entendamos que nuestro valor es indisputable, que todos y cada uno importamos, que tenemos una huella única, un obsequio distintivo: somos una pieza del rompecabezas divino, y todos y todas poseemos una forma original de expresarnos. Cuando no conocemos al Yo superior, la confianza divina aparenta ser demasiado escasa. Hasta que entendamos y aceptemos el lugar íntimo que ocupamos en la familia del alma y el espíritu, realizaremos el fundamental cambio en el paradigma, con el que seremos capaces de responsabilizarnos por nosotros mismos en el nivel más profundo.

La comprensión de que somos tanto humanos como divinos, puede originar una revolución en nuestras vidas. Desde esta perspectiva, es sencillo darse cuenta de que todos estamos vinculados e importamos. Todo lo que decimos y hacemos importa; cada una de nuestras interacciones. En lugar de soportar nuestros comportamientos infantiles, podemos elegir formas de actuar y percibir mucho más importantes. Podemos vivir en la conciencia de que todos los seres fuimos bendecidos con un gran amor; vivir en el conocimiento de que cada batalla de nuestra vida sucede para que el alma evolucione y y ayude a otros.

Al arraigarnos en la confianza divina, los sucesos y circunstancias de nuestras vidas comienzan a tener lógica. Yo he visto cómo afecta esto mi propia existencia, y si tengo la disposición necesaria, puedo usar todas las experiencias para servir a los demás. Puedo vivir la paz y el gozo de saber que importo y todo está bien. Puedo, desde este lugar de profundidad y confianza avasalladoras, ser y permitir que mi expresión particular, mi contribución y mis dones, fluyan desde una fuente auténtica.

Me encanta cuando la gente me dice: "Sólo quisiera hacer lo mismo que tú". Pero muchos no tienen ni idea; si supieran de qué se trata, seguramente correrían a las montañas y meterían la cabeza en algún agujero. Sé que fui bendecida con una vida muy particular que acepté. Mi vida implica un millón de bendiciones, pero también un millón de maldiciones. Sin embargo, independientemente de que se trate de adicción, rompimiento o enfermedad, siempre atravieso los procesos que me corresponden y, en lugar de asumirme como la víctima de una mala broma del destino, los veo como una oportunidad para crecer, porque sé bien por qué estoy aquí.

La verdad que hay en el centro de la confianza divina, nos coloca justamente en el presente, lugar que no admite víctimas. Al establecer el vínculo entre nuestra humanidad y la divinidad, el pasado y el futuro dejan de ser los objetos de tanto drama y neurosis. Entonces podemos dejar atrás la estructura mental de la víctima, de quien siempre dice "Y qué tal si..." Dejan de aparecer el "¿Por qué yo?" o "Pobre de mí" o "No puedo". Se desvanece el "Soy la peor" o "Soy la mejor".

En cuanto descubrimos que estamos aquí porque formamos parte de un plan divino, la confianza superior empieza a dictar todos nuestros actos. Al vivir en la certeza de que somos parte de lo Divino, y esperamos que nos use como mensajeros de esperanza, amor y servicio, entonces elegimos contribuir en lugar de permanecer inhibidos. Al tomar la decisión de permitir que se usen nuestras vidas, nos liberamos de la tortura de los dramas personales, las fallas y las historias falsas.

Reclamar tu propósito será el gran viaje de tu vida, el que te permitirá dejar de recordar y empezar a saber, el que te dirige de la cabeza al corazón. La valerosa guerrera en tu interior, la que ya luchó contra la fuerza de gravedad de la vergüenza, el dolor, la desesperanza y la desesperación, es tu confianza divina. Ésta te ayudará a exigir tu razón más sagrada para ser.

La valerosa guerrera del amor

El coraje es un obsequio divino que existe dentro de ti. Te pertenece siempre que estés lista para reunirte con él. Al despertar al coraje, se transforma en una fuerza emocionante que mejora tu vida y te guía de nuevo a tu poder, a casa, a tu verdadera naturaleza. El mayor acto de coraje consiste en ser y aceptar todo lo que eres: sin disculpas, excusas ni máscaras para ocultar tu verdad. El verdadero valor no surge solamente de sentirse fuerte y confiada; también es necesario ser la honesta y auténtica expresión de ti misma. Piensa en la temeridad que implica creer en ti: se requiere la valentía de una guerrera para aceptar que tu punto de vista, verdad, dones y presencia en esta tierra, realmente importan. Es un derecho que no debes ganar, te pertenece desde que naciste.

El valor o coraje de la guerrera es como una línea vital que conduce a la libertad. ¿Te imaginas tener tanta confianza que puedas sentirte libre para ser quien en verdad eres? ¿Libre para ser auténtica, honesta y para mostrarte por completo todo el tiempo? ¿Libre para ser vulnerable y audaz? ¿Libre para exponer todos los aspectos de tu ser, incluso los que no son encantadores?

La libertad reina cuando no debes darte ínfulas ni ocultar tus verdaderos pensamientos, sentimientos y creencias. La libertad reina cuando expresas tus dones en voz alta y defiendes tu grandeza y tu verdad. La libertad reina cuando aceptas con vehemencia a la valerosa guerrera que vive en ti.

El coraje de la guerrera proviene de la fe. Es una poderosa fuerza en tu interior, un impulso nato que te insta a arriesgarte y encarar tus miedos en lugar de permanecer en la cómoda zona de tu ser inferior. El coraje de la guerrera te permite mostrarte cruda, vulnerable y real. El coraje de la guerrera inspira los mayores actos de autenticidad; es la disposición a ser radicalmente honesta contigo misma y los demás. El valor de la guerrera le presta atención a la voz superior de su ser divino y confía en sus instintos. Y cuando se encuentra en presencia de lo que le impide avanzar, la guerrera es capaz de dejar atrás lo que sabe y en lo que cree, para cerrar su pasado. Está dispuesta a luchar contra sus miedos, arrepentimientos y errores anteriores. El coraje de la guerrera es la libertad máxima, el mayor don que te puedes dar permiso de experimentar.

La mayoría cree que valor o coraje es algo que hacemos o pensamos, o que se trata de una decisión. Sin embargo, el coraje de la guerrera es un don que recibimos al nacer. Es un nivel de conciencia que, lo hayamos vivido o no, se debe mantener resguardado. Se debe desarrollar y saborear. Es un estado del ser. Cada vez que te pones frente al camino y "eres" valiente, entonces ya no es necesario "hacer" nada para ejercer la valentía. Porque si tratas de "hacer" algo, entonces enfrentarás las situaciones o decisiones a la fuerza. Seguramente ya te ha pasado, sin embargo, este tipo de enfrentamiento no trasciende el momento porque con mucha frecuencia, la fuerza proviene del miedo, del "Tengo que" o del "Debería". El coraje de la guerrera es punzante, tiene un propósito y se dirige al lugar donde se requiere un cambio. Asimismo, como verás a lo largo de este libro, cuando vivas el coraje de la guerrera, lo adoptes y estés en su presencia, entenderás que las recompensas por permitirle guiarte, son muchas más que los riesgos. Tú tienes en ti misma a esta valiente guerrera desde que naciste. Es sagrada y santa, es hermosa y posee enorme poder. Está llena de fuerza, claridad y confianza. Nació lista para participar en el mundo, enfrentar y dominar sus miedos, reunirse con todas las demás guerreras que hay allá afuera.

LA TRAGEDIA DE LA VALIENTE GUERRERA NIÑA

La joven y valiente guerrera se despierta con amor en los ojos y compasión en el corazón; está lista para hacer lo que le corresponde en el mundo. Llena de gozo corre por su habitación eligiendo sus prendas íntimas preferidas, botas de montar y guantes. Luego, con gracia y emoción, saca la hermosa capa de terciopelo que ha pasado por generaciones de valerosas guerreras en su familia, hasta llegar a sus manos. Con ellas recorre suavemente la tela desgastada, acerca la capa a su cuerpo y percibe el poder y la fuerza que le han infundido. Al ponérsela, siente la emoción del día que se avecina. Luego sale y coloca el pie en el estribo para montar a su fiel corcel.

El viento le agita el pelo y el caballo galopa con rapidez. La guerrera se dirige a un pueblo cercano que necesita su ayuda con desesperación. De pronto, un poco más adelante, ve a un grupo de hombres que obstaculizan su camino. Su corazón presiente que algo anda mal y se pregunta si necesitarán su ayuda. Aminora la marcha y un hombre corpulento, grita, "¿Qué haces aquí?" La valiente y joven guerrera responde con orgullo, "Me dirijo al siguiente pueblo, necesitan mi ayuda ahí. Mi propósito es servir." Con una sonrisa en el rostro y sin comprender por qué aquellos hombres bloquean el camino, les pregunta, "¿Ustedes necesitan ayuda?", y ellos de inmediato le contestan a gritos, "¡No! ¡No! ¡Da marcha atrás!", vociferan. "¡Vete! ¡Eres una muchachita! Este trabajo no es para ti. Es un mundo de hombres y éste es un trabajo para nosotros". Entonces la guerrera contesta, "Sé que soy mujer pero tengo todo el poder para luchar a su lado". Los hombres se vuelven a reír y le gritan, "Tú no eres ninguna guerrera. ¡Estamos aquí para enviarte de vuelta a casa!" La guerrera se queda lívida y siente la necesidad de pelear contra ellos. La sangre le hierve pero, al mismo tiempo, se da cuenta de que los hombres podrían herirla fatalmente.

Después de soportar algunas burlas más, jala las riendas y vuelve a casa. Y conforme se aleja lentamente, se pregunta por qué forzosamente debe ser un trabajo para hombres. Se pregunta por qué no puede expresarse y servir a otros. Jamás había escuchado la frase "Es un mundo de hombres". Entonces se pregunta, "¿Será eso verdad?" Comienza a dudar y a cuestionar sus motivos personales y, de pronto, escucha una voz interior a la que difícilmente reconoce. No se parece en nada a la Voz del Valor que la despierta todas las mañanas diciéndole: "Eres un extraordinario regalo para el mundo. Puedes hacer cualquier cosa. No hay nadie en el mundo como tú. Te necesitamos". En lugar de eso, sólo escucha una voz no familiar que le advierte: "Éste es un lugar muy inseguro, más te vale tener cuidado. ¿Quién te crees que eres? No eres especial. El mundo no te necesita". La joven guerrera ahora se siente insegura e inestable; se detiene cerca de su hogar, oculto detrás de los árboles. No entiende los sentimientos que la embargan. Cierra los ojos para recuperar el aliento y, al despertar después de un momento de reflexión, ya no es la misma. Sólo que no se da cuenta. Ahora está en trance.

En lugar de permanecer montada en su noble corcel y continuar con su misión de ayudar, apoyar y liberar los corazones de la gente de todos los lugares, la guerrera hace lo que le ordenan. En lugar de ofrecerle al mundo su potencial completo, se cree la historia de que es una desvalida y débil doncella que debe esperar siempre a que llegue su príncipe azul, la bese, la lleve a un lugar mejor y la rescate de una vida penosa y sin sentido. En un instante se transforma, deja de ser la joven guerrera que domina al miedo y la injusticia, y se convierte en una niña asustada a quien nadie presta atención, que no importa y cuya voz nadie escucha. Y así llega la muerte de la valiente niña guerrera.

El nacimiento de nuestra historia

Es muy posible que recuerdes cómo fue la muerte de la valiente niña guerrera que eras. La realidad que ahora ves quizá es sólo parte de un cuento de hadas que inventaste sobre ti misma pero te llegaste a creer.

La historia que nos contamos sobre nosotros y nuestra vida, puede infundirnos poder o despojarnos del mismo; nos abre a nuevas posibilidades o nos limita. Muchos nos inventamos cuentos de hadas sobre nuestra vida, y esos mismos cuentos se convierten en las historias que nos impiden vivir mejor. En su máxima expresión, nuestra historia personal debe servir para enseñarnos, ayudarnos a crecer, ayudarles a las almas a evolucionar. Sin embargo, a menudo cometemos el error de permitir que esa historia nos defina y marque el curso de nuestras vidas. Las historias que elegimos contarnos definen quiénes somos y de qué somos capaces. Así que, para reclamar el valor, debemos observar con cuidado los sucesos guardados en el fondo de nuestro subconsciente. Debemos revisitar el pasado y vincularlo a la conciencia y la concreción para liberarnos del yugo de la inseguridad, el miedo y el arrepentimiento.

Cuando eras niña probablemente *corrías* para intentar cosas nuevas. Te arriesgabas en los juegos de barras del parque, tomabas sin reserva objetos desconocidos, te subías a los árboles, observabas insectos durante horas, o te lanzabas espontáneamente a cantar y bailar. Pero luego algo sucedió. Casi todas hemos salido con entusiasmo, montado nuestro caballo de un salto y, después, permitimos que cualquier cosa que nos digan nos haga caer presas, una vez más, de nuestro temeroso Yo humano. Tal vez nuestra respuesta fue hacernos las víctimas, volvernos co-dependientes o actuar para complacer a otros. O quizá nos rebelamos adoptando rasgos más masculinos a costa de nuestro poder femenino. Y entonces, el poder que provenía de nuestro conocimiento e inteligencia emocional, quedó completamente denigrado y marginado.

Aunque sucede de maneras distintas, todas inventamos un cuento acerca de nuestra vida, definido por sucesos que no supimos digerir. Por desgracia, muchos incidentes enterrados en dicho cuento fueron experiencias dolorosas. Nuestra interpretación de esos sucesos y experiencias, generan patrones entrelazados con pensamientos, creencias, sentimientos y, muy en especial, con nuestros miedos. A pesar de que los patrones fueron creados en el pasado, nunca permanecen ahí. Al transportar de manera inconsciente dichos patrones al presente, creamos limitaciones autoimpuestas y, sin saberlo, tomamos decisiones que influyen en el resto de nuestras vidas. Los efectos de nuestras decisiones prevalecen y, con frecuencia, nos dejan con sentimientos de debilidad, vergüenza y cobardía.

Si alguna vez ya fuimos débiles, temerosos e incapaces de avanzar, entonces continuaremos viéndonos de esa misma manera. Cuando tratamos de salir de los confines del Yo que creemos ser, y particularmente cuando se trata de los conocidos roles femeninos (madres, hermanas, tías, amigas y colegas), la sociedad siempre nos para en seco. Las limitaciones que surgen de nuestra propia historia nos impiden avanzar. Y como estamos espantadas, heridas y, a menudo, traumatizadas por lo que vivimos anteriormente, entonces nos ocultamos y nos envolvemos en una imagen falsa para protegernos. Este falso yo, creado en la casa de los espantos que es nuestro pasado sin resolver, se siente muy cómodo con los términos simplistas y conservadores que lo describen. Nuestro subconsciente continúa produciendo esa vieja imagen personal, con todo y su anticuado instructivo, y proyectándola al mundo exterior. Y sólo cuando despertamos dentro de esa coraza de la imagen que fabricamos y reunimos la voluntad suficiente para abandonarla, fluye el valor de la guerrera en nuestra vida y somos capaces de tomar decisiones conscientes que expandirán la visión superior de una vida plena.

Amy, una ejecutiva de cuarenta y tres años, vino a uno de mis talleres para tratar de vencer el aburrimiento y cansancio que le provocaba su trabajo en una empresa. Ella prosperó en su carrera como administradora en una compañía de tecnología de alto nivel, pero, aunque había logrado ascender en el escalafón, le preocupaba haber perdido la pasión que alguna vez sintió por su trabajo. Sus compañeros le decían que era excelente, y ella misma sabía que se desempeñaba magistralmente en su labor. No obstante, cuando volvía a casa por las noches, se sentía aburrida y vacía; sencillamente no estaba satisfecha. A pesar de que por más de cinco años tuvo la fantasía de renunciar a su empleo, jamás pudo armar un plan o dar los pasos necesarios para irse. Siempre encontró una excusa y escuchó lo que le decía la Voz de la Duda: "No soy buena en nada más"; "No puedo sobrevivir sola"; "¿Qué va a pensar la gente de mí?" Al enfrentar juntas los miedos bajo la superficie, y al examinar su falta de valor en este aspecto de su vida, Amy recordó una ocasión en que, siendo aún niña, estaba en una cena familiar. Ahí también se encontraba su amado abuelo, a quien ella respetaba mucho. Él siempre se expresaba de las mujeres como si fueran ciudadanos de segunda. Amy recordó que esa noche dijo de manera muy contundente: "Los hombres son los únicos empresarios exitosos. Las mujeres deberían ser enfermeras, secretarias o quedarse en casa a cuidar a los niños". Muy lastimada y sorprendida, se fue a dormir esa noche llena de confusión y tristeza.

A pesar de que Amy amaba a su abuelo y no quería culparlo de haber sembrado las semillas del miedo y la duda en ella, cuando le pedí que señalara el valor que había decidido asignarle al incidente, Amy me dijo que aquella noche asumió que jamás podría llegar a ser una de las mujeres importantes del mundo. Se imbuyó en sus sueños y, para los dieciséis años, se había convertido en una joven promiscua, "la zorra del pueblo", como ella misma se describió. A los diecisiete, tras haber tenido un aborto que le reafirmó la noción de que no valía nada y era una inútil, decidió cubrir su vergüenza con una nueva imagen de sí misma. En poco tiempo regresó a estudiar y solicitó ingresar a una de las mejores universidades del estado. Como era muy inteligente la admitieron y sobresalió casi de inmediato. En tan sólo unos cuantos meses Amy llegó a la conclusión de que esa nueva vida serviría para ocultar la vergüenza que la invadía.

Así que, ahora, estábamos ahí, a veinte años de distancia y revisando los logros de Amy. Sin embargo, en el fondo no podía reunir el valor que tanto quería y necesitaba. En cuanto admitió que lo que le estaba impidiendo ponerse en contacto con su valerosa guerrera interior era algo de su pasado fuertemente incrustado en el alma, Amy pudo trazar un plan y dejar su empleo seis meses después. Por fin permitió que reinara la libertad.

Todas nacemos con limitaciones, desafíos, miedos e inseguridades, pero si llegamos a creer que son la única *verdad* sobre quiénes somos, permaneceremos atrapadas en nuestras historias y en los patrones profundamente arraigados en nuestro subconsciente. Observaremos sin esperanza alguna la forma en que controlan nuestras acciones y decisiones. No podremos ponernos en contacto con el valor de nuestra guerrera, hasta recordar quiénes somos y por qué estamos en la tierra- Para llegar al lugar de la guerrera, debemos apartarnos del drama humano, renunciar a los cuentos que han gobernado nuestras vidas y romper con la autoimagen que fabricamos para respaldar dichos cuentos. Debemos reconocer y admitir nuestra historia y no confabularnos con el pasado; distinguir las creencias que nos mantienen atadas a lo que ya quedó atrás, y luego, liberarnos de ellas. Tenemos que aferrarnos al gran futuro que nos espera, estar dispuestas a renunciar a cualquier versión del Yo que nos limite, para así transformarnos en las fuertes, poderosas y valientes guerreras que nacimos para ser.

La vida está llena de posibilidades ilimitadas para quiénes podemos llegar a ser; sin embargo, no podemos ser nuestro yo podcroso si tenemos miedo o si nos quedamos estancadas en algún aspecto. Ahí nos frustramos y nos sentimos cansadas, aburridas, resignadas, o insatisfechas.

Cuando Jane apareció en uno de mis talleres, me resultó sencillo identificarla. Era una mujer alta de cabello rubio castaño, largo y despeinado. Se sentó en la última fila con los brazos cruzados, tratando de ocultarse. Al hablar era elocuente, inteligente y dinámica; su discurso no tenía nada que ver con lo que sugería su apariencia. Cuando empezamos a explorar su desvinculación, hizo alarde de que no le interesaba su apariencia, no usaba maquillaje ni *brassier* como las demás mujeres, que estaba libre de las cadenas de la feminidad. Sin embargo, al mismo tiempo que presumía de su independencia y originalidad, se ruborizaba avergonzada. Cuando le pedí que pensara en las experiencias del pasado que podrían haber definido su autoimagen, me contó una anécdota de cuando tenía ocho años.

Una mañana, curiosa y con deseos de explorar, entró al baño de su madre mientras ésta se preparaba para el día. Jane estiró el brazo para tocar el polvo, el colorete y el lápiz labial que estaban sobre el tocador. Su madre le dio un manotazo al mismo tiempo que le gritó, "No son para ti". Mientras su madre se aplicaba el lápiz labial con cuidado, mirándose al espejo, miró a Jane de reojo y agregó: "Tienes suerte. La mayoría de las mujeres se esfuerza demasiado, pero tú no debes hacerlo. No hay esperanza de que llegues a ser hermosa, así que estás libre de ataduras, a diferencia de todas nosotras". Jane salió del baño con los ojos llenos de lágrimas y se dirigió a su cuarto para leer. En aquel momento era demasiado pequeña para entender el dolor que sentía. Alojó el mensaje de su madre muy hondo en su subconsciente y, conforme creció y se convirtió en adolescente, vio a las otras chicas jugar con el maquillaje y la ropa. Pero no era como ellas: rara vez se bañaba, e iba a la escuela vestida con prendas masculinas sucias. Incluso olvidaba cepillar sus dientes y lavarse el rostro todos los días. Evitaba mirarse al espejo; su apariencia descuidada instaba a sus compañeros de clase a burlarse de ella, por lo que comenzó a hacerse invisible, a aislarse socialmente y a imbuirse en los libros y la vida mental. Se sabía distinta a las demás y, aunque ella misma se decía que tenía suerte de que así fuera, que eso la hacía libre, no estaba convencida en realidad. En lugar de que los rasgos que la diferenciaban fueran causa de celebración, la avergonzaban.

Al mirar en retrospectiva Jane se dio cuenta de que ese incidente y la creencia resultado del mismo, fueron los elementos que definieron su autoimagen y marcaron los patrones de su vida. Se había abandonado a sí misma incluso antes de empezar a vivir; un profundo descuido personal era la regla en su existencia. Jane evitó las relaciones románticas a toda costa y, para aislarse aún más, a medida que maduraba, eligió más empleos que le permitieran trabajar desde casa. Atendiendo a mis apremiantes sugerencias, permitió que alguien le hiciera una transformación extrema. Con un nuevo corte y color de cabello, cejas depiladas, ropa bonita y maquillaje en el rostro, se transformó radicalmente por primera vez en treinta y ocho años, y a un grado que jamás habría imaginado. En cuanto caminó más erguida y estableció contacto visual con la gente, se le abrió una realidad completamente nueva. Debido a que su apariencia exterior por fin se equiparaba con su vida interior, pudo hablar sin vergüenza y aportarle cosas al mundo a un nivel muy distinto. La valiente guerrera en el interior de Jane le permitió abrirse a ese aspecto de su vida que, después, se expandió a otras áreas.

El coraje exige riesgo y, más específicamente, disposición para dejar atrás la máscara de oxígeno del pasado y confiar en que, a partir de aquí y ahora, habrá aire para respirar. Debemos arriesgarnos a realizar el viaje a una escala más importante donde podemos liberarnos de la fuerza de gravedad de nuestras historias, producto de años de probar que las historias que nos contamos, todas las que inventamos, son verdad.

Para tomar las mejores decisiones debemos realizar un cambio radical en esencia. En lugar de relacionarnos con el coraje como una fuente a la que recurrimos solamente a veces, debemos infundirle valor a nuestras decisiones y a nuestra vida. Es nuestra elección. Al adoptar una actitud de rabia y coraje, podemos tomar decisiones importantes para nosotras mismas porque ya no nos encontramos paradas sobre el tembloroso suelo de la falsa autoimagen, ni en un cuento del pasado que exige demasiada lucha. Nos decimos la verdad acerca de si las elecciones que hacemos nos obligan a sentirnos débiles, ansiosas e inseguras, o fuertes y sólidas; si provienen del miedo o de la fe; si nos separan de lo Divino o nos acercan a ello. Podemos observarnos y saber si provenimos de nuestra historia, del miedo o el ego, o si lo que nos sostiene es el pacífico poder de nuestra guerrera interior.

La búsqueda del coraje siempre indica que tratamos de establecer la conexión y tener acceso al poder ilimitado que subyace bajo la superficie de nuestra mente consciente. Este poder, de hecho, no se puede ubicar en el tiempo y el espacio, pero es infinitamente real. Asimismo, se encuentra en manos de la guerrera interior, de la valiente que no le teme al fracaso, a los imprevistos o a la desaprobación de otros. En lugar de reunir evidencias para respaldar nuestra historia, validarla y convencernos de que merece la pena pasar un día más viviéndola, debemos tomar el camino superior: renunciar a todo, a nuestra antigua imagen y al cuento acerca de quiénes somos y cómo hemos vivido hasta ahora. Debemos permitir que emerja nuestra nueva noción del valor inquebrantable.

Para tener acceso al valor de la guerrera investiguemos por qué somos tan fieles a nuestra historia y a qué le tememos si nos apartamos de ésta. Hay respuestas importantes y específi-

cas que atender y comprender; además, casi todas conocemos
bien el dolor que nos embarga, y estamos familiarizadas con
la armadura que nos protege. Sabemos que hay varias áreas
de nuestra vida bloqueadas, pero necesitamos recorrer todo
el camino y confrontar nuestras inseguridades, miedos y arrepentimientos para liberarnos de los fantasmas del pasado. La
gran noticia es que, en cuanto lo hagamos, descubriremos el
infinito pozo de valor que siempre ha estado ahí nutriendo
y alimentando a la tierra de nuestra vida. Estos mensajes nos
conducirán hasta la puerta que dice: "Guerrera Valiente". Al
otro lado de ella hay una nueva autoimagen, una historia más
enriquecedora y una vida de la que podremos estar orgullosas.

El viaje a través de las páginas que leerás a continuación,
te permitirá convertirte en mensajera del amor superior y el
servicio; una mujer en una gran travesía para estar más cerca
de su espíritu. Tu visión se expandirá porque entenderás que
no estás aquí solamente para satisfacer necesidades humanas.
No sólo para hacer felices a los demás, aunque, claro, también
puedes contribuir en ese aspecto. No estás aquí sólo para renunciar a tus objetivos por los de alguien más, aunque también puedes compartir la inspiración y magia de tus sueños. Y,
ciertamente, tampoco estás aquí para satisfacer tus antojos de
amor, aprobación y atención, y luego conformarte con migajas
de emoción. Estás aquí para *ser* tu propio yo, hermoso, poderoso, sagrado y santo; sin apologías, explicaciones ni inquie-
tudes. Permítenos verte. Y permite que el poder de la divina
confianza y del valor de tu Yo, nos ayude a cambiar.

PARTE II

Múdate de la cabeza al corazón

Los códigos de la valerosa guerrera

El código de la guía divina

Pasé los últimos veinticinco años, más o menos, creyendo que estaba conectada, de una manera profunda y santa, a mi Yo espiritual. Sin embargo, una mañana nublada en una habitación de hotel en San Francisco, comprendí que me había negado a escuchar lo que, posiblemente, eran los mensajes más importantes de mi vida. Aquella mañana estaba dirigiendo una clase por teléfono; trabajábamos para fortalecer la confianza y saber que algo nos guía (una fuerza o poder que trata de movernos hacia nuestra vida más plena) y nos impide tomar caminos que terminarán dañándonos. Yo quería guiar a mis estudiantes a través de un diálogo interno muy importante para que pudieran recobrar su fe y confianza. Les pedí que cerraran los ojos, respiraran hondo y fueran hacia dentro de sí mismos para encontrar el momento en que dejaron de escuchar a la inteligencia de su propia sabiduría. Les pedí que señalaran las consecuencias y costos de obedecer a su voluntad en lugar de a lo que llamé "la Voluntad de Dios".

Como siempre lo hago cuando dirijo un diálogo interno, también cerré los ojos y me adentré en mí para mantener un ritmo perfecto y llegar al mismo lugar al que les pedía que fueran. Volví a hacer la pregunta: "¿Cuándo dejaron de escuchar a la inteligencia de su propia sabiduría? ¿Y cuáles fueron las consecuencias y costos de obedecer a su voluntad en lugar de a la "Voluntad de Dios?" De forma inesperada, me vi arrastrada al proceso dentro de mi conciencia y contemplé el escenario completo de mi propia vida. Vi cómo mi amor soñado se convertía en una pesadilla de control, mentiras y manipulación. Observé dentro de mi conciencia y me vi esconderme bajo mis instintos más desarrollados (los de Dios) en una situación tras otra, alejándome así de la intuición divina que me decía, y a veces casi me gritaba, que debía huir lo más rápido que fuera posible. Descubrí que, sin importar cuán clara fueran la evidencia y mi conocimiento interior, a pesar de que lograba encontrar el coraje y la fuerza para huir, mi pareja siempre me convencía de que estaba equivocada. Al final, terminaba perdiendo mi fuerza y sucumbiendo ante su forma de pensar. Había trabajado muchísimo para apartarme de la situación y aceptarla. También pasé meses tratando de rendirme y de expulsar ira, culpa y desesperanza que invadían mi corazón y mi cuerpo.

En ese momento de silencio y reflexión sentí que la ira se apoderaba de mi cuerpo y en mi mente los reclamos crecían más y más. Estaba enojada y no quería cargar con la culpa del fiasco, trauma y acciones de quien me había engañado; ya había sufrido suficiente. Me fui enfureciendo más y me cerré a la guía superior hasta que llegó el momento de preguntarle al grupo: "¿Están culpando al Divino, a Dios, al Espíritu —como quieran llamarle a su poder superior— de esta situación? ¿Estás molesto por esa parte de ti que trataba de ayudarte y responsabilizarte de las decisiones que tomaste?" Mi propia respuesta inmediata, fue "Claro que no"; pero había una voz más apagada e iracunda que decía, "Sí, por supuesto que sí". Con un dejo de autoridad moral, mi yo inferior, reclamó: "¿Por qué no me detuviste? ¿Por qué no estuviste ahí para salvarme y protegerme?" Mientras el grupo buscaba sus propias respuestas, puse mi teléfono en silencio por un minuto. Los tumultuosos gritos aparecieron y me agitaron mientras yo permanecía ahí sentada, asombrada por lo que estaba sintiendo y escuchando. Intenté resistirme pero detecté una voz interior más profunda que decía: "Traté de ayudarte, te envié mensajes por muchos medios".

En ese momento recordé un paseo que hice al parque con Bob, tras un mes de salir juntos. Cuando Bob se alejó un instante para hablar con alguien, se acercó a mí Sarah, una mujer por la que yo sentía un enorme respeto. Como si estuviera dándome información confidencial, me miró directamente a los ojos con vehemencia y seriedad, y en un tono suave me dijo: "Aléjate de ese hombre, es una persona horrible". Me quedé asombrada porque jamás había escuchado a Sarah hablar mal de alguien. Mi primer impulso fue responder con brusquedad. ¿Cómo se atrevía a tratar de separarme de mi alegría y de mi amor de ensueño? Era algo que no permitiría. Entonces entré a mi modalidad de "maestra espiritual" y, con presteza, le pregunté si Bob la había lastimado de manera personal. Dijo que no, pero que estaba al tanto de a cuántas mujeres había hecho sufrir y de lo malo que podía llegar a ser. Una vez más, ignoré sus palabras y le hice la siguiente pregunta defensiva. ¿Cómo podía basar su opinión en habladurías? Sin deseos de escuchar su respuesta, continué hablando y le dije que la gente siempre cuenta su versión de la historia y que sólo deberíamos compartir nuestras experiencias personales. Y como yo era la reina del lado oscuro, sabía que todo mundo cometía errores y estaba segura de que Bob no era la persona que ella imaginaba. La animé a que reconsiderara la dura opinión que tenía de él. Le di un rápido pellizquito en la mejilla, me volteé y fui al encuentro de mi nuevo compañero, a quien acababa de defender con tanto orgullo. Me sentía bien por dentro, como una verdadera mujer protegiendo a su hombre.

Sin duda alguna fue una de las primeras señales de alarma. Y en lugar de preguntarme por qué aquella cálida y honesta mujer, quien siempre había sido un ejemplo de integridad impecable, me había advertido acerca de un hombre al que yo apenas conocía, en lugar de sentir curiosidad acerca de por qué se había tomado la molestia de abandonar su zona de seguridad para advertirme que tal vez me dirigía al peligro, me cerré de inmediato y asumí que ella estaba equivocada. Durante el ejercicio con el grupo, me sorprendió la claridad con que veía en mi mente aquel suceso después de tanto tiempo.

El siguiente recuerdo que tuve fue de sólo unas cuantas semanas después del incidente en el parque, cuando Alice, mi asistente, me llamó muy desconcertada y asustada; dijo que me había llegado un correo electrónico a la dirección de trabajo que ella maneja. Me explico que no había querido molestarme y lo analizó con otra de mis empleadas, pero ambas llegaron a la conclusión de que tenían que enviármelo. Esperé con ansiedad que llegara a mi dirección privada, mientras me preguntaba qué podía ser tan abrumador para que esas dos mujeres estimadas en quienes confiaba, tuvieran temor de hacérmelo llegar. Unos minutos después, cuando finalmente lo recibí, encontré una carta de Kim, ex novia de Bob. En ella describía con gran detalle cómo había sido la relación entre ellos, y señalaba una alerta tras otra. Me advertía sobre las "demenciales estratagemas" de Bob, y me decía que no le preocupaba mi corazón sino mi dinero.

Me pareció sincera por lo que leí, pero el correo no tenía lógica para mí. No podía sentirme involucrada porque ni siquiera creía tener suficiente dinero para que alguien quisiera quitármelo. Sí, tenía una excelente carrera y ganaba suficiente para llevar una vida cómoda, pero, ¿que alguien deseara despojarme de él? Era absurdo. De cualquier manera me pareció que no había necesidad de prestar atención, ya que Bob me había dicho que era dueño de una compañía de diez millones de dólares, y sólo estaba un poco corto de dinero en ese momento: historia que yo quise creer. Así que en lugar de volver a leer la carta y encontrarle sentido a lo que decía, me enfoqué en mis sentimientos de odio contra Bob. Tenía tres ex esposas a las que él mismo detestaba, y ahora yo me venía enterando de esta ex novia que, de paso, guardaba un terrible resentimiento hacia él. ¿Acaso Bob no sabía que yo escribí un libro *(Divorcio Espiritual)* que ayudaba a la gente a sanar las relaciones con sus parejas anteriores y con su pasado? ¿Qué no entendía que no podía ser parte de mi mundo si no se responsabilizaba de su pasado y lo sanaba? ¿No le importaba? ¿Cómo era posible que hubiera tenido tantas relaciones frustradas?

Antes de calmarme levanté el teléfono y le marqué a la oficina. Me contestó con un entusiasta: "Vaya, ¿cómo estás, querida? ¿A qué debo el honor de esta llamada de media tarde?" Sin titubear, le dije todo acerca de la carta de Kim. Le pedí que me explicara por qué tanta gente —en particular la que había estado relacionada con él anteriormente—, albergaba sentimientos tan negativos. De inmediato se puso a la defensiva y explicó que había cometido muchos errores en el pasado y tomado varias malas decisiones en lo que se refería a las mujeres. Las describió como mentirosas, adictas y cazafortunas aunque, claro, hasta entonces yo tampoco había visto ninguna señal del dinero que él siempre presumía. Después de nuestra conversación me sentí enojada e impotente porque ya estaba enamorada de aquel hombre, el que nos había encantado a mí y a mi familia, que siempre aparecía con una gran sonrisa y una buena historia, e invariablemente tenía una explicación razonable o justificación creíble para su comportamiento. No obstante, sería muy difícil pasar por alto la agudeza y precisión del correo de Kim.

Luego me vino otro recuerdo a la mente. En nuestra tercera cita fuimos a almorzar y esperamos a que un señor ya grande dejara libre un lugar para estacionarnos. Bob se volvió loco de ira, sacó la cabeza por la ventana y empezó a gritarle al "vejestorio" que se fuera rápido, si no, se subiría a su auto y lo movería él mismo. Cuando Bob se dio cuenta de que yo estaba asombrada por su actitud, me miró con cara de perrito regañado, la misma que tiene alguien a quien sorprendes con las manos en el frasco de las galletas. Lo recordaba con mucha precisión. Bob balbuceó, "¿Fue ése mi lado oscuro? Tal vez deberías ayudarme con eso". Aquellas palabras fueron directo a mi cerebro porque siempre he deseado ayudar a la gente y, de hecho, creía que podía hacer algo por él. Al menos fue lo que me dije a mí misma en aquel momento. La verdad, no sabía que, en realidad, estaba haciendo un pacto con el demonio.

Mi mente se llenó entonces con lo que ahora veo como, por lo menos, veinte señales claras de que debía desacelerar, hacer un análisis y mirar con los ojos bien abiertos a dónde me dirigía. En medio de la inundación de mis recuerdos, le pedí a mis asistentes personales se hicieran cargo del negocio para compenetrarme en mi proceso. Cuando empecé a escuchar a los estudiantes compartiendo lo que vivieron en el suyo, recordé una de las historias didácticas que más me gustan.

Había una vez un hombre que tenía gran fe en Dios. A menudo se le escuchaba diciéndole a sus amigos que su caótica vida se arreglaría por sí misma porque Dios se encargaría de él. Un día una tormenta produjo una terrible inundación en el pueblo donde vivía aquel hombre. En tanto que otros miembros de la comunidad empacaron sus pertenencias y huyeron, el hombre se quedó tranquilo porque creía que Dios se haría cargo de él. El agua empezó a colarse bajo sus puertas y por las ventanas. Pasó un camión de bomberos y los rescatistas le gritaron al hombre, "Venga con nosotros, ¡no puede permanecer aquí!"

"¡No!", les contestó, "¡Dios cuidará de mí!"

Poco después el agua le llegó a la cintura y las calles se convirtieron en ríos. Un bote guardacostas pasó fuera de la casa del hombre y la tripulación le gritó, "¡Salga nadando de ahí y suba a bordo!"

"¡No!", gritó de nuevo el hombre, "¡Dios cuidará de mí!"

Continuó lloviendo hasta que la casa del hombre quedó inundada. Entonces un helicóptero la sobrevoló y el piloto vio al hombre rezando en la azotea. El equipo de rescate dejó caer una escalerilla y el piloto habló por el altavoz: "Oiga, usted, allá abajo, sujétese de la escalera, ¡lo vamos a rescatar!"

Una vez más el hombre proclamó lleno de convicción, "¡Dios cuidará de mí!"

Finalmente el hombre se ahogó y, al llegar a las puertas del cielo, hizo patente que jamás se había sentido traicionado de esa manera. "Mi Señor", dijo, "Puse toda mi fe en ti y te recé para que me rescataras. Me dijiste que siempre cuidarías de mí pero, cuando más te necesité, no estuviste ahí".

"¿A qué te refieres?", interpuso Dios. "Te envié un camión de bomberos, un bote y un helicóptero. ¿Qué más querías?"

Tuve que respirar hondo antes de aceptar que fue exactamente lo que me pasó a mí. En tan sólo unos segundos abandoné mi enojo y mis deseos de culpar a alguien, y sólo me quedé melancólica y callada. Me di cuenta de todas las veces que me arrojaron una soga para sujetarme y no ahogarme. Pero no quise aceptar la verdad. Quería el amor, la atención y el posible futuro que Bob me ofrecía. Estaba tan inmersa en mi cuento fantástico de quién deseaba que él fuera, que nunca pude ver qué era en realidad. Después de unas diez advertencias, aproximadamente, el patrón quedó definido y yo fui quien le di la espalda a la fe, a mi guía divina. Hice todo lo que pude para que reinara mi voluntad en lugar de captar las señales que me enviaba el universo. Incluso un terapeuta me dijo que ese asunto debería trabajarlo sola, y necesitaba quedarme con Bob porque el problema no tenía que ver con él tanto como conmigo. Muy mala decisión.

Poco después ya había logrado acallar la conexión con mi intuición divina, hasta casi convertirla en un mero susurro que apenas podía escuchar. Lo único que oía era la voz de mi ego herido y todo su temor. Me aseguraba que, si escuchaba a lo Divino, no obtendría el resultado que buscaba. Yo quería un alma gemela, una pareja inteligente, talentosa y divertida, que me amara sin medida. A pesar de que no lo conocía muy bien, en muy poco tiempo transformé a Bob en mi mente en un personaje ficticio. En el fondo comencé a ver que mi voluntad y mi miedo se habían apoderado de la situación y ni Dios ni nadie me diría qué hacer ni en qué creer. Tenía lo que parecía ser el mejor partido que encontraría en mi vida, y mi necesidad de controlar la situación anularía cualquier visión que Dios pudiera tener para mí.

La Voz del Control minimizó todos mis impulsos y sentimientos, y me dijo: "¡No te des por vencida! Si lo dejas ir, jamás encontrarás a nadie como él. Eres demasiado peculiar y rara para volver a encontrar el amor. Tú puedes lograr que esto funcione". A pesar de que cada vez que me rompieron el corazón cuando era adolescente, mi abuela Ada me aseguraba que "siempre había un roto para un descosido, sin importar forma, tamaño, color o modelo", yo había dejado de creer en sus palabras. Después de un matrimonio fallido, cerré las puertas a la posibilidad de que existiera mi "roto". Estaba convencida de que debería ser muy paciente para encontrarlo.

Cuando finalmente estuve dispuesta a contemplar la situación a través de la visión divina, pude escuchar la Voz de la Fe. Ésta me aseguró: "Llegó la hora de olvidar y dejar que entre Dios. Eres una mujer poderosa que puede cuidarse a sí misma. Todo es como debe ser, todo está en orden. Te voy a cuidar, puedes confiar en mí, así que escucha".

Ésta es la promesa del código de la Guía Divina: "Dios puede hacer por ti lo que tú misma no puedes". ¿Te imaginas cómo sería tu vida si creyeras en esto al cien por ciento? ¿Si creyeras que cuentas con todo el apoyo y te aman mucho más de lo que jamás creíste posible? ¿Te imaginas cómo sería tu vida si creyeras que te protegen y cuidan de todas las maneras posibles?

El código de la Guía Divina nos pide saber y confiar en algo más grande que nosotros como individuos. Para vivir bajo este código de manera total, debemos aceptar que somos humanos pero también divinos. Nuestra naturaleza humana, dominada por el ego, nos insta a controlarlo todo y actuar como si el universo estuviera en nuestras manos. A pesar de que lo único que deseamos es pertenecer y sentirnos amados, con frecuencia nos quedamos solos y alejados de los demás. Estos patrones, además de las creencias que adoptamos en el pasado, nos desvinculan de toda seguridad y libertad, y de la oportunidad que nos brinda el saber que hay algo mayor que nosotros mismos e influye en nuestra vida.

El código de la Guía Divina afirma que existe un poder, una fuerza creativa espiritual que es mucho mayor de lo que la imaginación humana nos permite comprender. Yo lo llamo lo "divino" porque, literalmente, puede modificar toda la trayectoria de nuestra vida y reacomodar nuestros pensamientos, sentimientos, acciones, elecciones y futuro. Al confiar en que la prioridad de lo Divino son nuestros intereses y la evolución de nuestra alma, sentimos que en nuestro interior se enciende una chispa que siempre ha estado ahí dirigiendo, motivando e instándonos a evolucionar. No hay nada que temer porque todo sucede para darnos una lección, una reflexión o un ingrediente clave y acercarnos más a nuestro yo superior; para apoyar el proceso de la evolución del alma... lo veamos o no, lo creamos o no. Las experiencias que nos desafían son oportunidades para conocernos mejor, para aprender, crecer y acceder a los aspectos más importantes y sabios de nosotras mismas.

¿Entonces, por qué no podemos ver a todos y a todo como Dios, como parte de lo Divino? Pues porque ni siquiera nosotras nos vemos así. No creemos que cada inhalación nuestra, es parte del aliento de Dios. Creemos que sólo se trata de nosotras. No consideramos que todas las células de nuestro cuerpo son divinas y forman parte de un gran organismo que nos ayuda a permanecer vivas y llevar a cabo la misión del alma. No creemos que nuestros pensamientos son los pensamientos de Dios. Creemos que son nuestros y, si los pensamientos no nos otorgan poder, asumimos que son negativos, malos e incorrectos. Ni siquiera podemos identificar nuestros pensamientos divinos porque estamos demasiado ocupadas escuchando a los negativos. Sin embargo, si no tuviéramos estos pensamientos negativos, jamás sentiríamos el impulso de mejorar, de ser más de lo que somos o trascender nuestra naturaleza humana.

Debemos reestructurar nuestro pensamiento, romper con los moldes. Siempre adoptamos una actitud negativa respecto a muchas situaciones en la vida porque no queremos aceptar que participamos en una relación fundamental: nuestra relación con lo Divino. Negar nuestra naturaleza divina nos mantiene atorados en la negatividad y en las limitaciones de la existencia humana. Si deseamos reestructurar el pensamiento, empecemos por el principio. Iidentifiquemos la divinidad en cada situación, circunstancia y experiencia. Al mirar a través de los ojos divinos, ya no hay juicios, no existe la necesidad de ser virtuosas ni de señalarnos culpables. Tenemos que renacer frente a nuestros propios ojos. Creerlo, es verlo, y cuando despertemos a la verdadera esencia, de pronto tendremos acceso al Yo divino, el que está lleno de poder, fuerza y valor.

Ya no tenemos que esforzarnos ni tratar de ser alguien que no somos porque encontramos que, en realidad, somos mucho más de lo que imaginamos. Cuando estamos al tanto del milagro que somos, celebramos cada exhalación, confiamos en la milagrosa naturaleza de nuestros cuerpos y sabemos que algo mayor a nosotras nos mantiene vivas día con día. Pero en cuanto nos dormimos en el milagro que es la vida, también lo hacemos en el milagro de nuestra verdadera esencia divina. En cuanto le damos la espalda a la verdad de nuestra perfección, nos lanzamos a la alcantarilla de los pensamientos negativos del individualismo.

Todas hemos tenido, aunque sea de modo pasajero, la experiencia de una conexión profunda con lo Divino. Tal vez por medio de la meditación, un momento de epifanía o cuando nos sentimos bendecidas por el universo porque todo empezó a favorecernos. En ese instante pudimos ver la belleza y la perfección en todo y en todos, y las nimiedades se desvanecieron y dejaron de molestarnos. Pero lo más seguro es que ese momento haya pasado con la misma rapidez con que sucedió, y nosotras regresamos a la batalla que libran la cabeza (ego) y el corazón; que hayamos regresado a vivir en el paradigma de la gente mala y la gente buena. Y a partir de esta limitada perspectiva, siempre caemos en el miedo del ego que nos intimida hasta llevarnos de nuevo al fondo de la mente, separándonos de lo único que puede devolvernos el poder, el valor y la confianza total.

Lo Divino siempre nos habla y guía, pero sólo nosotras elegimos escuchar o no. Tal vez el miedo, las adicciones, los anhelos o viejos hábitos nos dominan e impiden escuchar su voz, pero, si prestamos atención, recibiremos los mensajes. Reconoceremos el impulso a correr un riesgo, pero también sabremos cuándo debemos permanecer quietas y esperar. Nuestra divina intuición puede hacernos comer de una manera más saludable o terminar con una relación que no funciona. No importa cuán grande o pequeño sea el problema, lo Divino siempre puede guiarnos de muchas maneras. Puede ser como una sutil intuición o una fuerte llamada de atención; una caída en el estacionamiento que nos advierte aminorar la marcha. Podría ser la desagradable sensación de un nudo en el estómago, o el mensaje de un amigo. Sin importar la forma, este divino impulso permanece con nosotros todo el tiempo y trata de captar nuestra atención. Quiere que elijamos lo mejor. Tenemos la opción de escucharlo o de resistirnos; podemos confiar o ignorarlo: finalmente, es nuestra decisión.

En retrospectiva, veo con mucha claridad lo que me impedía seguir a mi guía divina. Ahora te pregunto a ti, ¿qué es lo que te impide seguir a la tuya? Tal vez tienes un plan o dependes de algún otro esquema; quizá estás comprometida a obtener un resultado y, por lo tanto, no quieres aceptar que tu plan podría no ser el mejor. Todo lo anterior podría estarte impidiendo recibir el mensaje divino que trata de llegarte. Tal vez le guardas algún resentimiento a lo Divino por situaciones de tu vida en que resultaste herida o traicionada, en que te decepcionaron. O quizá crees que si realmente existiera esta fuerza todopoderosa, todo sería perfecto en tu vida y jamás te pasaría algo malo. En conclusión, puedes confiar, o no, en lo divino. Es posible que no creas que existe un plan mayor porque podrías estar equivocada. Pero en lugar de desconfiar de tu arrogante ego, es decir, de esa parte de ti que te condujo a la situación en que te encuentras ahora, decides desconfiar de esa parte de ti que ha tratado de guiarte, advertirte, protegerte y darte apoyo.

Para vivir el código de la Guía Divina necesitas encontrar la voluntad para entregarle todas tus preocupaciones, luchas y problemas a un poder mucho más grande que tú. En lugar de reunir evidencia para reforzar todo lo que sabes y crees en tu ego, debes sacar a la luz la conciencia y tener fe. Conectarte con tu ser divino y confiar en él, te abrirá a varios niveles mágicos y de curación que a tu ego jamás se le habrían ocurrido. El código de la Guía Divina te invita a aceptar tu naturaleza y convocar a esa parte de ti que sabe, con fe absoluta, que toda circunstancia y suceso es parte del plan único y divino.

Para estimular tu confianza y exigir tu valor, debes entrar a la visión más grande de quien eres. La única forma de hacerlo es realizando un viaje de vuelta a los brazos de lo Divino. En cada experiencia dolorosa hay semillas de sabiduría, y la oportunidad de tener nuevos comienzos. El fin de una relación, por ejemplo, puede ser doloroso y traumático, sin embargo, también ofrece un tiempo imprescindible para la transformación. Un negocio fallido puede conducirte a iniciar otra carrera y entender cuál es el propósito último de tu existencia. El código de la Guía Divina te asegura vincularte con un poder que te apoyará de forma total en el proceso de ir hacia el coraje y la confianza, y convertir tu vida en algo nuevo y más pleno de lo que jamás imaginaste.

Aunque creas que ya tienes un vínculo con lo Divino, es posible que un aspecto de tu vida esté estancado, en el que no puedas encontrar valor ni confianza; en el que te des cuenta de que estás viviendo a partir de la cabeza y no del corazón. Quizá piensas que puedes hacer todo por ti misma, pero esta falsa sensación de orgullo te impedirá ver tu vida con suficiente claridad. Tu ego seguirá a cargo de todo hasta que salgas de esa cerrada creencia de que eres un ser individual e independiente. Mientras este mito prevalezca, la puerta a tu sabiduría superior permanecerá clausurada.

Sin embargo, cuando aceptes la humildad, el camino por el que lo Divino puede llegar a tu vida, serás capaz de reconocer que no siempre sabes lo que es mejor para ti. Al tener fe y confianza en lo divino, descubrirás que tu situación actual también tiene algo bueno aunque tal vez no lo veas ahora. La fe abre las puertas para recibir a una nueva comprensión y nuevas perspectivas. Vivir bajo el código de la Guía Divina te permite abrir el corazón y la mente a la posibilidad de que los milagros (esas circunstancias, realidades o sucesos positivos que tú no creías reales), existen en todo momento. Cuando estás conectado con lo Divino, el cambio verdadero puede ocurrir.

Al vincularte con tu Yo espiritual, se abre todo un mundo nuevo y puedes ver las situaciones bajo una nueva luz. Puedes sentirte bien incluso en medio de una crisis. Puedes tener acceso a una poderosa fuente de sabiduría que, cuando lidias sólo con los asuntos de la mente y con lo que tú crees verdadero, no está disponible. Por eso debes abrir esa puerta y creer en ti misma como nunca antes; creer en todo lo que eres. Ha llegado el momento de protegerte de manera integral y no sólo en fragmentos. Debes buscar dónde se ubican las puertas cerradas, que tal vez nunca abriste, pero también identifica todo lo sabio que hay en ti.

EL PROCESO DE LA GUÍA DIVINA

Busca un lugar acogedor donde puedas escribir con comodidad. Tómate algunos minutos para reflexionar y luego escribe las respuestas a las siguientes preguntas.

1. **Momentos memorables de guía:** Haz una lista de tus experiencias más memorables al conectarte con alguna fuerza o energía que te pareció provenir de una fuente divina. Pudo tratarse de un momento de exaltación absoluta en que estuviste presente en la perfección del universo. ¿Qué sucedió? ¿Qué sentiste? ¿Fue algo que escuchaste, viste o sentiste?

2. **Aprende del pasado:** Haz una lista de los momentos más importantes de tu vida en los que ignoraste la claridad y lucidez de tu sabiduría interior. ¿Cuáles fueron los sucesos principales y los mensajes específicos que lo Divino te envió pero tú soslayaste o no reconociste en ese entonces?

3. **Los obstáculos:** ¿Tienes alguna creencia que te impida rechazar cualquier tipo de poder superior? ¿Qué te distrae y no te permite recibir la guía divina? Identifica cuáles creencias, comportamientos o actitudes cínicas o de aislamiento te impiden escuchar los mensajes que se te envían. Escribe aquí cuáles son.

4. **Los costos:** Identifica el costo y las consecuencias de obedecer a tu voluntad en lugar de lo Divino. ¿Qué has perdido o a qué has renunciado al ignorar tu guía más profunda? Haz una lista.

5. **Recibe guía para un desafío actual:** ¿Hay alguna situación desafiante que esté sucediendo en tu vida ahora mismo? Entra en frecuencia con la sutil y tenue voz en tu interior, la que se siente real, verdadera y pletórica de amor sabio. Luego escribe lo que te quiere decir ahora.

Activación del coraje

Compra un diario para registrar tus momentos de coraje y confianza. Consigue uno que guardes en tu bolso y puedas llevarlo a todos lados para escribir en él cada vez que lo necesites. Asegúrate de comprar algo que te agrade de verdad, que te haga sentir bien al sacarlo. Si inviertes en un diario que te encante, también invertirás más en ti misma. Cada vez que algo te haga sentir bien, que fortalece tu coraje y tu confianza, anótalo en tu diario.

Construcción de la confianza

Escribe en la primera página del diario una lista de lo que te encanta de ti misma. Anota siete rasgos por lo menos. Tal vez son actividades para las que eres buena, fortalezas naturales, habilidades que desarrollaste con el tiempo o cualidades que te fascinan. Busca algo nuevo todos los días y añádelo a la lista. (Luego, cuando te sientas triste, ansiosa o abrumada, podrás abrir el diario y lo primero que verás serán tus fortalezas).

Bonus de coraje y confianza

Haz una lista de siete ocasiones en que hayas sido valiente en tu vida.

El código del renunciamiento

En el código de la Guía Divina empezamos a cultivar la fe. Ahora estamos listas para pasar al código del Renunciamiento, el cual nos permite dejar atrás todo lo que fuimos. Nos convoca a deshacernos de antiguas creencias y hábitos, interpretaciones, resentimientos, juicios, proyecciones, pretextos, de nuestra autoimagen y de todo lo que implica. El código del Renunciamiento nos hace mirar a lo más profundo y detectar lo que guardamos del pasado y nos impide ir hacia el futuro: las interpretaciones, creencias y decisiones que nos mantienen atadas a los patrones repetitivos que menguan nuestro valor y la confianza en nosotras mismas. Como maestra me he dado cuenta de que la mayoría de la gente no comprende lo que va cargando ni desde cuándo. ¡Hay dos formas de vivir la vida! La primera consiste en ser siempre consciente y estar dispuesta a olvidar y a renunciar a las opiniones y creencias más tradicionales. La otra, que a veces es complementaria, consiste en aceptar que algo te detiene e impide llevar a cabo el trabajo para liberarte.

De pronto recuerdo la historia que escuché en una ocasión sobre una joven princesa, famosa en todo el reino por su belleza, garbo y gracia. Su constante y cálida sonrisa, así como el fulgor de gentileza en su mirada, inspiraban a los aldeanos.

Todas las mañanas la princesa nadaba en un apacible lago mientras algunas personas se reunían en la orilla para disfrutar de la tranquilidad que verla les brindaba. Una mañana muy particular, la princesa se metió al lago y empezó a deslizarse en el agua con ligereza y rapidez. Los aldeanos la observaron como si estuvieran en un sueño... hasta que sucedió algo que llamó su atención. La princesa estaba por terminar su nado, pero su gozo y confianza empezaron a desaparecer. Su cuerpo se veía pesado y débil. Los admiradores comprendieron que algo andaba mal. Una de las ancianas más sabias recordó que la princesa siempre usaba una piedra atada a su muñeca. Aunque la mujer no entendía por qué lo hacía, jamás le había preguntado para qué era; además, era la princesa.

Con su vieja y rasposa voz, la anciana le gritó a la princesa: "¡Suelta la piedra! ¡Tal vez es lo que te está hundiendo!" Los otros se le unieron y empezaron a gritar al unísono, "¡Suelta la piedra!" La princesa se hundía a toda velocidad; desapareció por algunos segundos pero, en cada ocasión, volvió a la superficie para respirar precipitadamente. Llegó un momento en que la mitad del tiempo nadaba, y la otra mitad se hundía. Alcanzaba a escuchar los gritos de los aldeanos en la orilla: "¡Suelta la piedra y podrás flotar otra vez! ¡Suelta la piedra y serás libre!" Al escuchar las súplicas, la princesa fijó su atención en la piedra que colgaba de su muñeca, y se dio cuenta del enorme peso que estaba cargando. Mientras se hundía recordó que su abuelo se la había obsequiado cuando era niña. Le dijo que debía portarla para recordar que su deber era servir a la gente y proteger a su reino del enemigo al otro lado del muro, y que siempre estaría al acecho. Su abuelo también le dijo: "Nunca te la quites, con esto en tu mano tendrás la magia necesaria para proteger a tu gente".

La joven princesa trató de tomar aire, pero el peso la lanzaba de nuevo a la profundidad. Entonces volvió a mirar su muñeca. Siempre portó la piedra con mucha convicción y ahora no podía creer que fuera la causa de su lucha de aquel día: había nadado con ella todos los días desde que tenía cinco años. Cada vez le costaba más trabajo permanecer a flote pero seguía escuchando las distintas voces que repetían, una y otra vez, "¡Suéltala! Suelta la piedra, suelta la piedra". Entre jadeos, les respondió con su voz tenue, casi inaudible, "No puedo, es mía..."

La anciana que estaba en la orilla vio a la princesa desaparecer y escuchó el eco de su voz en su cabeza: "No puedo, es mía. No puedo, es mía". Se preguntó qué sería tan importante para que la princesa renunciara a su gracia, libertad de movimiento y, al final, a su vida; qué le habría hecho aferrarse a los deseos de alguien más. A pesar de que la princesa era conocida en el reino por su buen juicio y fortaleza, hubo algo para lo que no tuvo valor suficiente: deshacerse del peso que la estaba hundiendo. Los observadores volvieron a gritar, *"¡Suelta la piedra!"*, y la hermosa y joven princesa tomó su último respiro y murmuró: "No puedo, es mía".

Hay aspectos de nuestras vidas en los que nos aferramos y siempre tratamos de ejercer nuestra voluntad; no estamos dispuestas a deshacernos de las cargas del pasado. Pero sin importar de dónde vengan ni cuánto tiempo las hayamos soportado, debemos soltar las piedras para ser libres. De otra manera, terminarán matando nuestra pasión, objetivos y fortaleza. Si no soltamos la carga, siempre vamos a batallar en la vida, en lugar de sólo circular con gracia en ella.

La verdad es que la historia de la princesa pudo tener un final distinto. Estando al borde de la muerte accede a las súplicas de sus súbditos. Se quita el brazalete con la piedra mantenido en su lugar por años, y lo deja caer hasta el fondo del lago. Al salir a flote abre bien los brazos como si quisiera abrazar a sus admiradores y al mundo entero. Con su gracia y elegancia naturales, respira la dulzura del aire; sabe que por fin se deshizo de una carga del pasado, por lo que procede a nadar hasta la orilla de la libertad. Ahí la esperan sus súbditos, quienes gritan de alegría y se apresuran a recibirla. Desconcertada por su experiencia casi fatal, la joven princesa se recuesta en la arena y agradece haber sido capaz de liberarse del peso del pasado. Se promete a sí misma que jamás volverá a aferrarse a nada que le impida nadar con ligereza en las aguas de la vida.

¿Qué le habría permitido a la princesa renunciar en lugar de aferrarse y perecer? La fe: fe en que tenía una guía divina. Es lo que todos necesitamos para dejar atrás las cargas, para renunciar. Los grandes sabios de todas las tradiciones, libres en el tiempo y el espacio, nos invitan al santuario del renunciamiento. A través de su poesía y su prosa nos recuerdan que en nuestros corazones podemos conocer esas verdades profundas que, a menudo, le cuestan tanto trabajo conciliar y entender a la mente.

Es natural que queramos controlar la vida porque somos mujeres adultas, pero te advierto que, si no tomamos la medicina, es decir, si no bebemos con regularidad de la copa sanadora del renunciamiento, la Voz de la Resistencia nos implorará que nos aferremos aún más. Nos dirá que para satisfacer nuestras necesidades debemos controlar y manipular al mundo exterior. Y permíteme asegurarte que es imposible sentirse bien si lo que nos domina es el miedo a perder el control.

LIBERACIÓN

En una ocasión preparé a un grupo de estudiantes para convertirlos en Entrenadores de Integración, y guiaran a otros a través de procesos de transformación con base en mi trabajo. Les pregunté si ellos se estaban aferrando a algo que pudiera robarles el valor y la confianza. De inmediato noté que Bárbara se ruborizaba profundamente y sus ojos brillaban con esa mirada de "¡Me atrapaste! ¿Cómo supiste?" Entonces confesó que ella se había aferrado a un secreto y ofreció compartirlo porque estaba decidida a ser una guerrera valerosa.

Bárbara nos contó, con voz temblorosa por la pena, que veinte años atrás le diagnosticaron hepatitis C. Admitió que algún tiempo antes de cumplir veinte años fue adicta a las drogas y recorría las calles de Harlem para conseguir heroína e inyectársela con su novio. Todos quedamos asombrados ante su confesión porque nos parecía una agradable y dulce mujer madura. Aunque Bárbara había logrado liberarse de la adicción, aún la invadían la vergüenza y la culpa. Cuando empezó a sufrir diariamente dolores de cabeza, músculos y articulaciones, así como fatiga, trató de conseguir una explicación médica. Debido a que nunca tuvo el valor para admitir que había usado drogas, durante veinte años su diagnóstico fue incorrecto. Luego le habló una amiga de aquellos tiempos en que era adicta y le dijo que le habían diagnosticado hepatitis C. Bárbara supo de inmediato que al fin había encontrado una explicación para lo que llevaba tanto tiempo asumiendo como un prolongado caso de hipocondría. Nuestra amiga admitió que a partir de ese día comenzó a vivir en un estado de miedo, ansiedad y preocupación porque temía que alguien se enterara de su enfermedad (sólo su esposo y su médico estaban al tanto). Mintió acerca de quién era porque se negaba a aceptar la verdad y había permanecido en estado de negación todo ese tiempo.

Le pedí a Bárbara que me contara qué le decía la Voz del Control sobre su enfermedad, esa voz sustentada por el miedo, y ella fue muy elocuente. La voz le decía que la gente la rechazaría por haber sido adicta, que moriría pronto por la enfermedad y si los demás llegaban a enterarse, jamás volverían a amarla. Lo peor de todo era que el miedo no dejaba de alimentar la devastación que sentía al pensar que tal vez había transmitido la enfermedad a su hijo.

Luego le pregunté a Bárbara qué conseguiría si renunciaba, si supiera que había algo más grande que ella y le tenía preparado un futuro asombroso. Al ejercer el renunciamiento, Bárbara se dio cuenta de que la enfermedad le estaba dando una gran oportunidad de recobrar su salud, longevidad y crecimiento personal. Podía darse permiso para cambiar las cosas, una a la vez; liberarse de ese deseo de solucionarlo todo, y admitir que necesitaba hacer algo que, sin aquella experiencia, no habría identificado.

Cuando le pregunté a Bárbara si elegiría el engaño del control en lugar del obsequio del renunciamiento, si preferiría la voz que la hacía sentir débil e insegura en lugar de la Voz del Renunciamiento, su rostro se iluminó gracias a la posibilidad, la gratitud y la emoción. Fue muy conmovedor ver cómo regresaban a ella el valor y la confianza. Ahora, a tres meses de distancia, Bárbara se somete a un tratamiento médico experimental, escribe sobre su experiencia y publica un blog sobre la recuperación de la hepatitis C. El renunciamiento transformó la fuente de su mayor vergüenza en elemento fundamental de su misión: apoyar a gente y ayudarla a liberarse de la pena y la culpa que siente por tener esta enfermedad, reclamar su poder e identificar las bendiciones de la experiencia.

Barbara demostró que para vivir el renunciamiento debemos enfrentar nuestra vida con absoluta honestidad. El *I Ching* dice: "Sólo si tienes el coraje de enfrentar las cosas como son, sin desilusión ni engaño, de los sucesos surgirá una luz que te ayudará a reconocer el camino al éxito". Lo anterior es más fácil recomendarlo que hacerlo, claro, porque lo más seguro es que vivas en un estado de negación, una realidad nublada que te hace mirar a través de esa mínima lente de tu historia y de las mentiras que has inventado sobre tu vida y tus limitaciones humanas. Estas limitaciones minan tu valor y tu confianza. Tal vez estás viviendo en un mundo de fantasías; deseas que sea de una forma en particular, y te imaginas lo que pudieron o debieron ser las cosas; lo que anhelabas que fueran.

También es posible que la tendencia a eludir (que es en realidad otra forma de miedo) te obligue a enfocarte en todo excepto en la realidad de tu vida actual, con todos los hechos pero sin la historia. Puedes comer, chismear, culpar, parrandear, trabajar demasiado o encontrar cien maneras más de mantenerte enfocada en cualquier otra cosa excepto las necesidades que debes atender en tu vida ahora. Y a pesar de que tal vez deseas ser fuerte, valiente y confiada, te estremeces sólo de pensar en los cambios que exige tu vida; la idea de que no podrás llevarlos a cabo te tiene petrificada. Por eso das la vuelta y vuelves a imbuirte en el trance de la negación, del silencio. ¿Por qué? Porque te sientes más segura en el cuento que inventaste; te sientes cómoda con esa visión del mundo que es más reducida y "fácil de manejar", pero que se puede detectar con rapidez gracias a las excusas ya conocidas, los razonamientos, juicios y miedos.

Esos lugares de nuestra vida a los que estamos aferrados, donde es lógico no ceder y luchamos para perpetuar la idea del control; a veces de manera consciente y, otras, inconsciente, erigimos muros para protegernos del miedo o el dolor. Sin embargo, esta resistencia no nos protege, más bien nos encadena al pasado y mantiene enredados en las circunstancias que a casi todos nos desagradan. La oposición a la verdad sobre nosotros mismos nos impide avanzar en la vida: lo que se resiste, persiste.

Cuando Tia, de treinta y seis años, vino a entrenarse conmigo, estaba frustrada y era incapaz de sobreponerse a lo que ella describía como un caso agudo de bloqueo de escritor. Tia había estado tratando de construir su negocio como entrenadora para la superación personal, pero cada vez que se sentaba frente a la computadora para escribir en su blog, actualizar su sitio, fijar la fecha para una presentación como oradora, o enviar un correo electrónico a alguna revista, se paralizaba de miedo. Literalmente nunca podía recordar lo que quería decir; se levantaba del escritorio y empezaba a limpiar su casa, a soñar con su maravilloso futuro, o tal vez sacaba un libro más sobre cómo construir negocios. Y mientras buscaba la clave para llegar al siguiente nivel, el libro la hacía sentirse productiva por un rato. Cuando le pregunté a Tia qué le estaba impidiendo dar los pasos necesarios, me dijo que no podía lidiar más con las críticas, que ya no soportaba que la juzgaran. Le pedí me señalara cuándo la criticaron o juzgaron anteriormente, y ella me contó acerca de su madre.

La madre de Tia estaba desequilibrada mentalmente. Un día la amaba, y al otro la odiaba. A veces la llamaba ángel, y al siguiente, le gritaba que era un demonio. Un día la abrazaba y al otro la abofeteaba. En ocasiones se veía sana, y otras enferma. Era como el doctor Jekyll y el señor Hyde: normal en público pero desquiciada en privado. Cuando era niña, a Tia le asombraba y confundía este sentimiento, sin embargo, se adaptó en poco tiempo. Aprendió a fijarse bien en la forma en que su madre la despertaba por las mañanas, a notar si la casa estaba desordenada, a mantener la boca cerrada a la hora de la comida y escapar a la seguridad que le brindaba la escuela en cuanto le era posible. Me contó del terror que sentía en la boca del estómago conforme se acercaba la hora de salir de la escuela; cómo sólo podía pensar en que debía volver a casa y encontrarse con su impredecible y monstruosa madre. También mencionó las incontables veces que le gritó, humilló y criticó.

La psique en desarrollo de Tia trataba de encontrar la lógica de lo que sucedía a su alrededor, pero todas sus conclusiones eran negativas. Sin darse cuenta de lo que estaba pasando ni de la forma en que afectaría su vida, la niña infirió que debía haber hecho algo imperdonable para provocar ese comportamiento en su madre. Y cuando se convirtió en jovencita, siempre estuvo segura de que estaba en peligro y nadie vendría a salvarla.

Aquella mujer estaba llena de ira, resentimiento, culpa y enojo al narrar sus experiencias. El problema me fue muy evidente desde el comienzo: Tia no podría avanzar en su carrera hasta que lidiara con la vergüenza y el miedo involucrados en la relación con su madre. Además de crecer avergonzada por su culpa, ahora no sólo temía a su ira sino también a la posibilidad de que otros pudieran enterarse de la oscura demencia que formaba parte de cada uno de los días de su vida. Los cimientos de su existencia fueron tan endebles desde el principio, que siempre le pareció inconcebible tener fe y rendirse ante la fuerza divina y protectora. Le expliqué que si deseaba avanzar en su carrera debería olvidarse de la madre que esperaba tener y aceptar a la que le había sido otorgada en esta vida. Pero ella insistió en que, si su madre estaba enferma, tenía la obligación de conseguir ayuda para atenderse y ser buena con su hija. "¿Por qué me tocó esta madre? ¡Es injusto!", exclamó.

Siguiendo mis consejos, Tia inició el proceso para sanar sus heridas emocionales respecto a la relación con su madre. Lo primero que hizo fue aceptar que ésta tenía un desequilibrio psicológico. Al aceptar esa verdad soberana, Tia pudo empezar a identificar los beneficios que conllevaba tener tal madre. Se dio cuenta de que de ella aprendió a percibir el ánimo de otras personas y anticipar sus necesidades. Su intuición y empatía se desarrollaron mucho gracias a eso. Tia también pudo identificar las decisiones que tomaba por miedo o para permanecer insensible, ya que entendió por qué se había esforzado tanto para no ser notada y conservar un perfil bajo. Nuestra amiga jamás creyó que alguien, o algo más, la protegerían, y siempre pensó que estaba sola.

Al confrontar el hecho de que el miedo había influido en todas sus acciones, descubrió que siempre había evitado el rechazo y la vergüenza que parecían la cruz que le tocaba cargar. Ahora Tia podía ver que negar el desequilibrio mental de su madre por tanto tiempo, la había drenado de su fuerza vital; que la hizo dudar de sí misma, la mantuvo estancada en el enojo y el resentimiento, la estresó y obligó a ocultarse en muchas áreas de su vida por el temor que le tenía al escrutinio y la confrontación. También podía finalmente admitir que le daba miedo que la gente se le acercara demasiado porque temía que los demás la creyeran demente como su madre. Pero lo más importante es que ahora podría identificar los aspectos en que, a pesar de su reiterada y enfática promesa de que jamás sería como su progenitora, en realidad *sí* era como ella. Tia tuvo depresión posparto cuando nació su hijo y, debido a eso, no pudo estar con él de la misma forma en que su madre no había estado para ella. Se dio cuenta de que ella misma era una mujer estricta y de mal temperamento, se había dado a la tarea de criticarse a sí misma de todas las formas en que su madre la había juzgado cuando era niña.

En cuanto Tia renunció a sus viejas creencias, sintió algo que describió como un sentimiento desconocido hacia su madre, algo cercano al amor. Una mañana fue a la iglesia y, cuando le pidieron dar el nombre de una persona por la que le gustaría decir una oración, de inmediato pensó en su madre, la mujer a la que había odiado y culpado toda su vida, la última persona sobre la tierra por la que creyó que rezaría alguna vez. Sin embargo, en cuanto empezó a orar, sintió la plegaria pasar por sus labios: "Querido Dios, por favor libera a mi madre de su dolor. Por favor ayúdale a encontrar paz en su corazón. Libérala de todo el sufrimiento y permite que su corazón se vaya curando todos los días en tu amoroso abrazo". Tia entendió que finalmente podría deshacerse de su carga y empezar una nueva vida que, hasta entonces, sólo parecía un sueño distante; confirmó que estaba creciendo y evolucionando tal como debía hacerlo.

¿Tú quieres batallar para conservar el control sobre aquello que, de todas maneras, no puedes manejar? ¿O prefieres entregar tu vida a su plan divino? ¿Quieres elegir la resistencia y la lucha o prefieres el renunciamiento que restaurará tu confianza y valor, que te permitirá seguir adelante? Nadie más puede ser una guerrera por ti, nadie más puede elegir si no eres tú.

Debemos tomar decisiones y rodearnos de la gente que nos hace fuertes y mira más allá de las limitaciones de nuestro pasado.

Hace poco leí un artículo escrito por el obispo T. D. Jakes, quien dice: "¡Déjalos ir!"

Hay gente que puede alejarse de ti.
¡Pero escucha lo que te digo!
Si los otros se alejan de ti, déjalos ir.
No quiero que trates de convencer a alguien de quedarse con-
tigo, de que te ame, te llame, se preocupe por ti, venga a
verte o permanezca junto a ti.
Es decir, cuelga el teléfono.
Cuando se alejen de ti, déjalos ir.
Tu destino nunca ha estado atado a alguien que se haya ido.

Te aseguro que cuando practiques el renunciamiento y dejes atrás todo a lo que te has aferrado, en tu vida aparecerán personas inspiradoras que percibirán tu grandeza. En ese pacífico y pleno estado de renunciamiento, podrás tener lo que quieras, saber que es sano expresarse y vale la pena relajarse y avanzar en la vida en lugar de quedarte estancada en un pasado que jamás podrás modificar. Cuando aprendas a confiar en la vida, te brindará tesoros más allá de tu imaginación. Encontrarás el coraje y la confianza que permanecerán contigo el resto de tu existencia.

Así como necesitamos del código de la Guía Divina para sentir que siempre tendremos a alguien de nuestra parte, el código del Renunciamiento nos permite exhalar y vernos más allá de lo que conocíamos de nosotras mismas. Una de las muchas voces del renunciamiento nos dice: "Confía. Confía. Confía en que fuiste creada de manera perfecta y cada experiencia te ha llevado a un nuevo lugar donde puedes ser tu Yo más poderoso.

Cuando Miyoko llegó a entrenarse conmigo, quería encontrar su voz de nuevo, una voz que incluso en nuestras conversaciones telefónicas sonaba apacible y tímida. En el entrenamiento pedí a las participantes identificar áreas de sus vidas que sentían estancadas y sin fe, y luego se enfocaran en la que les interesara atender pronto. Miyoko levantó la mano para compartir su experiencia. Entre tartamudeos ad-

mitió frente al grupo guardar un secreto que había oculta-
do incluso a las estudiantes de nuestra íntima comunidad de
aprendizaje. Confesó que le atraían las mujeres. Continuó
explicando que estaba al tanto de esa tendencia desde una
edad muy temprana. En la preparatoria incluso se enamoró
de una compañera, pero luego el miedo se apoderó de ella y
terminó con la relación.

Miyoko sabía que sus preferencias no coincidían con las
creencias de su familia ni con la cultura japonesa. Tenía una
idea muy clara de lo difícil que sería ser tan distinta a quienes
la rodeaban. En varias ocasiones trató de imaginar la situación a largo plazo, y supo que no sería sencillo. Le daba miedo que la juzgaran, hacer el ridículo o ser estigmatizada por lo
que era. No confiaba en sí misma ni en sus sentimientos más
profundos. Por todo lo anterior, Miyoko decidió ignorar sus
sentimientos, sus impulsos y hacer cualquier cosa para matar
a esa parte de ella a la que le gustaban las mujeres. Enfocó toda
su atención y energía en su educación, y luego, en la exitosa
carrera que desarrolló en la industria de la biotecnología. Sabía que a su vida le hacía falta algo, pero razonó la situación y
asumió que tendría que pagar ese precio. Se convirtió en una
persona rígida, controladora y cerrada, al mismo tiempo que
luchaba contra la inevitable atracción que sentía por las mujeres, y continuaba saliendo con hombres, tratando de llevar
una vida más tradicional.

Y luego, quince años más tarde, al entablar con nosotras la
conversación sobre el coraje, de repente Miyoko se enfrentó
a este aspecto de sí misma que había rechazado. Se dio cuenta de que necesitaba valor para vivir esta parte de sí misma,
y no sólo vivir, sino también amar. Finalmente, renunció a
sus creencias anteriores. En lugar de luchar contra su esencia,
Miyoko abrió su corazón a la verdad: le gustaban las mujeres. En cuanto cedió a esa verdad, el coraje y la confianza la
embargaron. No tuvo ni siquiera que convocarlos, simplemen-
te llegaron montados en la ola de su profunda honestidad.

Poco después Miyoko invitó a una mujer a salir con ella, e incluso la besó al final de la velada. Se dio la oportunidad de imaginar que podía compartir su vida con alguien más. Le confesó su situación a una prima cercana y, al hacerlo, descubrió casualmente que también era lesbiana pero siempre se lo ocultó a la familia. Miyoko se sintió liberada y muy conmovida, sorprendida de que la vida que siempre había deseado, una vida más amplia de la que había ideado basada en su pura fuerza de voluntad, de repente se desplegara ante ella cuando renunció a sus ideas anteriores.

El poder de la transformación de Miyoko se resume de una manera muy hermosa en la sencilla reflexión de Lao-Tsé: "Cuando me despojo de lo que soy, me convierto en lo que podría ser".

Al renunciar y dejar atrás nuestra carga, debemos renunciar a nuestro puesto de gerente general del universo, preocuparnos por nuestros propios asuntos y no creer que controlamos todo. Debemos captar el lugar donde radica nuestro poder ahora, y ceder ante el camino, incluso si no sabemos a qué lugar nos conducirá. Lo más difícil de entregarle el control de nuestra vida a un poder superior y elegir la entrega sobre la manipulación, es que debemos renunciar a este encumbrado puesto, a la forma en que estamos acostumbrados a hacer las cosas y al empeño por controlar las situaciones y circunstancias de nuestra vida. Debemos dejar atrás lo que creíamos una verdad porque, en realidad, no tenemos ni idea de hacia dónde nos lleva el universo. Sin embargo, adonde quiera que sea, creo fundamental detenernos y escuchar los susurros que lo Divino nos ofrece a través de sus distintas voces. La Voz del Valor, la Voz de un Nuevo Futuro y la Voz de nuestra Grandeza Personal lograrán hablarnos cuando la actividad cese, en particular la de la mente, ya que no puede llevarnos a donde nuestro corazón anhela ir.

El proceso de renunciamiento

Vuelve a tu lugar predilecto para escribir y prepárate para pasar tiempo de calidad con tu mundo interior. Tómate unos cuantos minutos, aclara la mente y la reflexión personal.

1. **¿Qué es lo que no aceptas?** Haz una lista de las áreas de tu vida donde haya algún conflicto o el interior se resista a cambiar. Ese lugar donde te niegas a aceptar las cosas como realmente son.
2. **La Voz del Control: ¿Qué te dice la Voz del Control?** Transcribe el negativo diálogo interior que limita tu capacidad para dejar atrás el pasado.
3. **Cuando las cosas se salieron de control:** Haz una lista de las ocasiones en tu vida que trataste de controlar las circunstancias y no pudiste hacerlo. ¿Qué estrategias o comportamientos típicos usaste? ¿Cuál fue el resultado?
4. **La voz del Renunciamiento: ¿Qué te dice la Voz del Renunciamiento?** Seguramente ya la has escuchado muchas veces. Describe la sabiduría y tranquilidad que te transmite.
5. **Querido Universo:** Escribe una carta en la que renuncies a tu puesto como gerente general del universo y asegúrate de señalar la fecha específica en que dejarás de ejercerlo. (Nota: Lo antes posible, mejor.)

Activación del coraje

Elige una canción acerca del coraje y conviértela en tu himno personal. Libera todo, permítete cantar y bailarla frente al espejo todos los días. Incluso si nunca lo has hecho antes, esto activará tu coraje; asegúrate de que, aunque no te sientas cómoda, de todas formas lo harás. En el sitio debbieford.com/courage encontrarás algunas sugerencias.

Generador de confianza

Enmarca un retrato tuyo de cuando eras niña y colócalo en el buró. Todos los días dale a la fotografía un mensaje positivo que te genere confianza.

Bonus de coraje y confianza

Haz una lista de cinco riesgos corridos en tu vida. Date la oportunidad de sentirte orgullosa por el coraje y la confianza que mostraste.

El código de la libertad emocional

La libertad emocional es la puerta a nuestros sueños y el objetivo de la guerrera interior. Asimismo, la guerrera representa grandeza, magnificencia y gozo. Está llena de coraje, confianza y fortaleza para dejar el pasado atrás. Ella sabe que no hay manera de expresarse por completo si continúa cargando un peso del que debe deshacerse. Jamás se conformará con una realidad construida sobre asuntos sin terminar. La guerrera acepta el presente y siempre recupera su fuerza, incluso después de la peor derrota, porque sabe que debe aprender a confiar en sí misma. Es profundamente honesta y como no permite que la negatividad o los antiguos miedos la detengan, es fuerte, decidida y enfocada. Como si fuera alquimista, crea un elixir producto de la sabiduría y el coraje para lidiar con cualquier remanente del veneno emocional.

La libertad emocional acepta la responsabilidad de ser confiables. Para permitirnos viajar por nuestra propia experiencia en lugar de quedarnos estancados en ella, debemos identificar cómo participamos en las circunstancias y condiciones de la vida. Al aceptar la responsabilidad, recibimos el regalo de una visión clara, y entonces, podemos ver lo mucho que hemos crecido y evolucionado a partir de la experiencia misma.

Luego, tras responder con sinceridad las siguientes preguntas, podemos dejar atrás la impotencia para adoptar el empoderamiento; dejar de ser víctimas y convertirnos en vencedoras; salir de la pesadez e ir a la liviandad:

¿Cómo puedo aprender de esta experiencia?
¿Cuál es el mensaje que necesito escuchar?
¿Qué regalo tiene esta vivencia para mí?
¿Qué es lo que debo hacer para dejar atrás la carga y avanzar hacia el futuro con gracia, determinación y confianza divina?

El don de asumir la responsabilidad de nuestro viaje nos permite la libertad emocional que no puede obtenerse de ninguna otra manera. Es la forma en que podemos ver y reclamar la inmensa fortaleza interior siempre disponible para nosotras.

Entonces, ¿por qué muchas nos aferramos a experiencias del pasado y nos negamos a renunciar? ¿No sabemos cómo hacerlo y seguir adelante? ¿O podría ser porque las heridas emocionales y familiares son parte de nuestra historia, de nuestro drama humano y, de alguna manera, nos sentimos más nosotras mismas si las conservamos?

Para vivir la libertad emocional debemos aceptar, renunciar y deshacernos de las heridas, estar dispuestas a responsabilizarnos por aquello a lo que nos aferramos y que, por lo general, es una lesión o dolor del pasado que nos deja con la sensación de ser víctimas. El código de la Libertad Emocional nos convoca a olvidar el "Tengo la razón", "Te equivocas", "Yo soy la buena" y "Tú eres el malo", para ejercer nuestro poder por completo. Nos hace un llamado a asumir la responsabilidad y, luego, con gracia y sencillez, nos insta a renunciar a excusas, razones, justificaciones y mojigatería.

Claro, eso no significa que de repente nos volvamos sordas, ciegas e insensibles al impacto que los otros han tenido en nuestra vida. Asumir responsabilidad no significa que los demás quedarán libres de obligaciones. Mi amiga Marianne Williamson siempre dice que el universo se encargará después de los demás. Ser responsable nos garantiza exigir el poder que cedimos, y recobrar la libertad necesaria para viajar por el universo sin chocar con los obstáculos que representan otras personas o las viejas creencias.

Es muy común eludir la responsabilidad. Nuestro lastimado ego humano siempre quiere cargarle la culpa a alguien más, ¡a quien sea! Porque ser víctimas nos permite señalar con el dedo y justificar la condición en que se encuentra nuestra vida; nos da una manera de explicar por qué no tenemos la suficiente fuerza o coraje para cambiar.

Por otra parte, la culpa es muy engañosa. En esencia, se trata de una forma de miedo que nos ayuda a evitar la responsabilidad en la vida. Cada vez que culpamos a alguien más, le damos el papel de villano y nosotros conservamos el de víctima. Y el mayor problema de conservar mentalidad de víctima, es que siempre termina haciéndonos daño. Al señalar con el dedo a otra persona y decir, "Me mintió" o "Me engañó" o "Me traicionó", al mismo tiempo se lleva a cabo un diálogo interior que dice: "¿Cómo pude dejar que eso sucediera?" O, "Debí haberlo impedido". O "Tuve el impulso de alejarme y no lo hice". En este marco de culpa, la condena es demasiado grande para seguir funcionando. El dolor y el resentimiento a partir de las experiencias que creemos nos victimizan, también nos impiden digerir la carga emocional y nos obligan a aferrarnos al miedo.

La buena noticia es que al aceptar la responsabilidad que hemos eludido, siempre sucede algo mágico.

Fue lo que me pasó cuando, tras cinco años de ejercer mi carrera como autora con enormes ventas, maestra y líder en educación espiritual y emocional, me encontré envuelta en una crisis con asesores que contraté para dirigir y operar mi empresa. A pesar de que nos había ido bien en el aspecto económico, a menudo surgían problemas con los que yo no quería lidiar, por lo que me emocionó mucho encontrar un equipo que manejara con profesionalismo los detalles de mi próspero negocio. Cuando los contraté prometieron darme todo lo que necesita una empresa que se expande con rapidez: profesionalismo, contabilidad y reportes completos, planeación de estrategias, ganancias y, por supuesto, también ofrecieron responsabilizarse al 100% del éxito de la operación. Yo estaba feliz porque finalmente podría liberarme de las faenas cotidianas que implicaba la administración.

No obstante, al poco tiempo descubrí que no estaban cumpliendo sus promesas: una de mis empleadas me avisó que esa semana no le iban a pagar. Entonces revisé el estado de cuenta y vi que mi saldo había bajado peligrosamente; los empleados no estaban recibiendo su sueldo y, además, las finanzas jamás habían estado en tan mala situación. Aunque había mucha confusión respecto a la forma en que los asesores estaban manejando la distribución de los fondos, fue muy fácil detectar los más de cien mil dólares que habían tomado para sí mismos. Por supuesto que cuando los llamé, culparon a todos los demás y no asumieron su responsabilidad. Mientras los escuchaba del otro lado de la línea telefónica, me sentí enojada, frustrada e impotente. En lo único que podía pensar era que había vuelto a equivocarme.

Por desgracia no era la primera vez que me encontraba en medio de un desastre así. De hecho había entregado mi negocio en bandeja de plata en tres ocasiones distintas. Era un patrón en el que yo encontraba a un hombre o empresa para que lo administrara, y luego los responsabilizaba del cien por ciento del éxito. Si me agradaban y me sentía bien estando con ellos, entonces nada más parecía importar y siempre terminaba envuelta en sus promesas y en la fabulosa visión que tenían del futuro porque, después de todo, el negocio ya era próspero. *¿Qué podría salir mal?*, pensaba. *No creo que haya alguien a quien le gustaría arruinar una empresa que hace tanto bien en el mundo.*

Pero luego despertaba de golpe de mi fantasía porque, inevitablemente, todo comenzaba a desmoronarse. Ese hombre o compañía gastaba más dinero del que se ganaba y, de pronto, yo terminaba recogiendo las sobras. Realmente nunca quedaba mucho que salvar. Lo cual era terrible, por el beneficio que mi negocio le proporcionaba a muchas personas inscritas en nuestros talleres y programas de entrenamiento. Lo único que podía hacer, entonces, era recobrar las riendas de mi negocio. Por lo general, sin importar cuáles fueran las dificultades, se requería de unos tres meses para encarrilarnos de nuevo. Luego, tres o cuatro semanas más tarde, comenzaba a buscar a la siguiente persona o empresa a la que le endilgaría la responsabilidad de administrar el negocio para que me liberara de la presión. Y cada vez que todo se venía abajo, en lo único que pensaba era el famoso dicho: "No puedes seguir haciendo lo mismo y obtener resultados diferentes". La frase me describía por completo porque, definitivamente, yo continuaba repitiendo mis acciones y, cada vez, esperaba obtener un resultado distinto. A pesar de que todo mundo quería darme su opinión y valiosos consejos, pensaba que hacía lo correcto (incluso cuando estaba totalmente equivocada), y no había nadie dispuesto a cruzar esa frontera para llamarme la atención, excepto mi madre. Ella se encargó de mis finanzas personales, e incluso a veces de las del negocio, cuando se las quité de las manos a los asesores. Por eso tenía una visión privilegiada de la forma en que se manifestaba mi locura. A pesar de que yo le decía, "No voy a escuchar lo que me quieres decir", ella siempre encontraba la manera de hacérmelo saber: "¿Por qué contrataste a esa gente? Sabía que te iba a defraudar. Tienes la palabra *estúpida* tatuada en la frente. Esta gente no sabe lo que hace. Todos son unos idiotas". Pero en lugar de enfadarme con la gente que había hecho añicos mi negocio y me había dejado en una posición muy incómoda, con quien me enfurecía era con mi madre, como si todo fuera su culpa. La veía como cómplice, ¿qué podía saber ella? Pues bien, de algo estoy segura: sabía que yo trabajaba dieciocho horas al día y otras personas se estaban llevando mi dinero. Eso era lo que sabía.

El trauma, el dolor y la molestia de este patrón de comportamiento, me brindaban suficientes armas para castigarme. El daño recurrente destruía mi salud mental y la libertad para disfrutar de todas las asombrosas cosas que sucedían en mi vida y en mi carrera. Me estaba despojando de la oportunidad de darme tiempo para estar con mi hijo. Me robaba la posibilidad de presenciar los milagros que sucedían en las vidas de quienes se estaban entrenando con nosotros. Cuando otras personas se fijaban en mi negocio y en la transformación que experimentaban los clientes como resultado de su participación, muchas querían involucrarse y permanecer vinculadas a la empresa. Yo, en cambio, sólo quería salir huyendo.

Para ese momento tuve que analizar por qué, a pesar de toda la evidencia del daño, me negaba tanto a administrar mi propio negocio y sus ganancias. ¿Cómo podía ser tan exitosa y estúpida al mismo tiempo? ¿Y por qué le entregaba la combinación de mi caja fuerte a alguien sin saber gran cosa de él o ella, y sólo porque sentía una fuerte conexión? ¿Por qué era tan reticente a responsabilizarme de manejar el negocio con el que cumplía mi misión en la vida? Lo único que yo quería hacer era entrenar líderes para que fueran quienes eran en lo más profundo, para que se mantuvieran fuertes en medio de la controversia, para que se arriesgaran a pesar del miedo y permitieran que brillaran su magnificencia y poder. Entonces, ¿por qué resentía tanto el compromiso de cumplir mi misión?

Ninguna excusa podría ya salvarme de lidiar con el problema. Ninguna cantidad de negación me protegería de la realidad: si no efectuaba un cambio radical, el estrés me terminaría matando, literalmente, porque ya me había despojado de la energía, el gozo y la felicidad. Por eso hice lo que le habría enseñado a hacer a cualquier otra persona: un serio análisis del alma. Le pedí a una de las entrenadoras de la compañía que me condujera a través del proceso. Me hizo cerrar los ojos y revisar mi historia para ubicar el recuerdo que provocaba mi reticencia.

Vi en mi mente a mi madre vestida con ropa muy bella y preparándose para ir a trabajar, al mismo tiempo que nos alistaba para ir a la escuela. Era muy joven cuando se casó y, en algún momento, concluyó que ya no encajaba en el molde de la madre y ama de casa de los sesenta que se quedaba en su hogar. Fue una verdadera pionera y líder entre las otras mujeres de nuestra ciudad. También fue una de las únicas madres que consiguió un empleo, solicitó el divorcio (cosa que nadie hacía en aquel tiempo) y se entrenó para trabajar como agente de seguros. Mi madre se convirtió en una exitosa mujer de negocios y en una importante presencia en su ramo.

A medida que llegaron a mí esos recuerdos de mi madre, empecé a sentir el conflicto de emociones. Por una parte estaba orgullosa de las decisiones que tomó, pero, por otra, recordé que cuando lo hizo yo era muy pequeña y me avergonzaba de que mi madre fuera tan distinta. Me molestaba no verla en casa horneándome galletas cuando yo regresaba de la escuela. El proceso me permitió descubrir la vergüenza que sentía de niña, y me ayudó a entender los conflictos internos que ahora yo misma tenía por ser una madre que trabajaba. Comencé a meditar sobre algunos sentimientos de culpa que tenía por dejar a mi pequeño hijo en casa para viajar, comprometerme con mi carrera y, supuestamente, ser capaz de encargarme de todo. La gente de mi entorno solía decir: "Eres la mujer más fuerte que conozco", a pesar de que yo me daba cuenta de que en la administración del negocio era muy débil e inútil, y siempre estaba abrumada.

Hoy en día presumo de la forma en que mi madre terminó teniendo su propia agencia de seguros, una de las primeras mujeres que trabajó con Lloyd's de Londres, aprendió a volar un aeroplano, se convirtió en cocinera gourmet, y muchas cosas más. Pero durante bastante tiempo me fue imposible entender lo que sentía respecto a sus decisiones. Inevitablemente, terminé incurriendo en contradicciones en mi vida. Era una madre que trabajaba, igual que la mía y, sin embargo, me negaba a admitir la realidad. Ella estaba totalmente involucrada en la administración de su negocio y yo me negaba a hacerme cargo del mío. Entonces comprendí que estaba repitiendo el mismo patrón una y otra vez porque quería que alguien me salvara, que alguien más se hiciera responsable, dirigiera y sólo me reportara lo maravillosamente bien que iban las cosas. Y cuando excavé a mayor profundidad, descubrí que siempre había pensado que, para que mi negocio fuera exitoso, lo debía administrar un *hombre*.

Al aceptar la verdad de que yo era quien había provocado esos desastres recurrentes y la única culpable, de pronto comprendí lo que significaba ser responsable. Me di cuenta de que no sólo estaba atrapada en un molde en que los redentores a los que elegía, siempre me arruinaban la vida. Yo era quien me había dañado por no responsabilizarme de mi negocio. Dejé entrar a mi mundo a gente conflictiva, a la que no le importaba administrar mi empresa o ni siquiera sabía cómo hacerlo. *Tenías razón, mamá*. Yo fui quien continuó cediendo su poder como si fuera una papa caliente de la que no me podía deshacer con suficiente rapidez.

En cuanto asumí la responsabilidad de mis decisiones, supe que tendría que recuperar mi poder como mujer, pero ahora estaba segura de que no hay nada malo en que las mujeres sean grandes líderes de negocios. La sensación que tenía de no pertenecer comenzó a desvanecerse. Mi personal se transformó en un equipo muy sólido y encontramos a alguien perfecto para manejar los asuntos financieros. La persona que elegimos me reportó puntualmente todo sobre el negocio y, a medida que empezó a crecer, administrarlo dejó de ser una tarea pesada y se convirtió en una actividad con la que yo podía aportarle de verdad algo al mundo. Ése fue el hermoso regalo que recibí al asumir la responsabilidad, un regalo que tuvo efecto positivo en las vidas de miles de personas.

Ahora que lo veo en retrospectiva me doy cuenta de que la culpa me impedía sentirme bien y me mantenía atrapada en una posición en la que ya no podía actuar. La única manera en que recobraría mi poder y sanaría mi corazón, sería asumiendo al cien por ciento la responsabilidad de todas mis decisiones y circunstancias. Hacerlo me brindó verdadera libertad y la posibilidad de escapar de la cárcel de la victimización. A pesar de que la engañosa voz de mi ego decía, "En realidad no es tu culpa, la víctima eres tú", mi disposición a ser responsable y honesta conmigo misma me ofreció cierta ventaja.

Debemos confiar en que todo en el universo nos conduce a un lugar más digno. Debemos aceptar que, si tenemos un patrón de comportamiento basado en la emoción y no lo reconocemos o identificamos, entonces estamos destinadas a perpetuarlo. Debemos renunciar a las excusas, las justificaciones y al miedo que las genera. Es necesario reconocer que aferrarnos, en lugar de ceder, ya pasó de moda. Y después de eso, debemos renunciar al control. Con estos nuevos cimientos podremos responsabilizarnos de nuestra participación en el diseño de nuestras propias vidas, y abrirle la puerta a la libertad emocional.

Responsabilizarse significa dar un paso al frente, aceptar que participamos, aunque sea a un nivel subconsciente, en las decisiones y las acciones que dieron origen a los sucesos más dolorosos que hemos vivido. Lo anterior puede ser atemorizante, pero sólo si no logramos entender que la vida que anhelamos es la que vivimos y nos otorga las experiencias perfectas para llegar a ser las mujeres que siempre hemos querido ser.

Al aceptar la responsabilidad al cien por ciento, además de hacernos cargo de nuestra vida, también lo hacemos de las emociones y de nuestro mundo interior. Es imposible sanar lo que no sentimos, así que, para recuperar el poder y el control, debemos reconocer nuestras emociones. Esto implica aceptar la profundidad de las heridas y el dolor. Las emociones dolorosas nos pueden arrojar al limitado, defensivo y resistente refugio que forma la herida misma. Asimismo, las desilusiones, resentimientos y resignación provenientes de las traiciones del pasado, nos lanzan a un escondite donde podemos protegernos. No obstante, el código de la Libertad Emocional nos ofrece la posibilidad de abandonar la lucha y los comportamientos de desconfianza. En cuanto reconocemos que estamos atrapados en la limitada realidad de nuestras heridas, entonces surgen las opciones. Tenemos la oportunidad de continuar permitiendo que a nuestros pensamientos, palabras y acciones los guíe el miedo, o los guíe el coraje. Y si el coraje se convierte en nuestra brújula, además de responsabilizarnos por nuestra vida en el presente, también lo haremos en el futuro.

Al responsabilizarnos, al dejar atrás la culpa y la victimización, y al sanar nuestro mundo interior, nos aseguramos de no atraer de manera inconsciente al mismo tipo de personas, circunstancias y sucesos que nos hicieron sentir tan mal con anterioridad. ¿Cuántos no nos hemos relacionado sentimentalmente con la misma persona más de una vez, trabajado para el mismo jefe de nuevo, y cometido los mismos errores? Si no identificamos la manera en que nos involucramos en esas experiencias, y si no admitimos nuestra participación, continuaremos repitiendo el mismo patrón una y otra vez. Es muy difícil reconocer un problema que se aproxima, a menos de identificarlo gracias a las experiencias pasadas.

Muy a menudo las dificultades que continúan siendo las más dolorosas y cargamos como si fueran anclas de dos toneladas, se activan por una creencia que espera y desea ser sanada. Pero aunque dichas creencias están ocultas, alejadas de nuestra vista y más allá de la conciencia, siguen dictando el comportamiento. Yo les llamo Creencias Sombra. Cuando no podemos o no estamos dispuestos a aceptar la responsabilidad de nuestra vida, algo es seguro: quien está tomando las decisiones es alguna creencia subconsciente.

Melanie, una mujer de cincuenta y ocho años, madre de dos niños, vino al Retiro del proceso de las sombras, mi taller de tres días que promete transformar cualquier área de dolor y pérdida, en éxito y felicidad. Melanie quería trabajar en su relación. La noté una mañana cuando levantó la mano en repetidas ocasiones para tratar de captar mi atención. Cuando le di la palabra y se puso de pie, la voz se le escuchaba quebrada y el micrófono temblaba en su mano. Lo acercó a su boca y dijo, "Me voy a divorciar". Y cuando ella misma escuchó su voz amplificada en el salón, pude ver la incredulidad en su rostro. Luego continuó hablando, "Llevo cuarenta años casada y me voy a divorciar". Le pregunté a Melanie por qué iba a disolver su matrimonio, y ella lanzó una diatriba acerca de Steve, su esposo. En ésta describió el abuso emocional y verbal al que estuvo sometida, así como el descuido que vivieron ella y sus hijos. Melanie culpó a su marido de toda su infelicidad y nos habló de los kilos que había subido, y de todas las drogas y el alcohol que consumía para soportar la falta de convivencia. Siguió quejándose amargamente de Steve hasta que la detuve y le pregunté, "¿Por qué decidiste casarte con él?", y ella me contestó en un murmullo, "Bueno, yo no quería". Entonces nos contó la historia completa.

Melanie tenía dieciocho años el día que se casó. Era un brillante y soleado día de primavera y parecía princesa de cuento de hadas con su vestido de novia. Lucía hermosa y estaba esperando que entrara a la habitación el hombre de sus sueños. Lo escuchó subir por las escaleras y se quedó sin aliento por la emoción. Había decidido hacer a un lado sus dudas para que éste fuera el día más mágico de su vida. Cuando él abrió la puerta y ella escuchó su voz, sonrió y su rostro se iluminó. Miró hacia arriba para saludarlo con calidez y amor, y él pasó apresuradamente junto a ella sin siquiera voltear a verla. El corazón se le encogió, su alegría se desvaneció en un instante, y un abrumador sentimiento de tristeza invadió su ser. Melanie escuchó una voz en su cabeza que gritaba, "¡Levántate!

¡Sal de ahí! ¡Tienes que escapar!" Pero no pudo reaccionar. Completamente devastada, se quedó en la silla sin poder mover un dedo. Los minutos pasaron y Steve continuó ignorándola; Melanie pensó en cómo zafarse de aquello. ¿Qué podía hacer? Recordó que sus padres habían pedido un préstamo para pagar la boda. Pensó en todos los amigos y familiares que habían llegado para celebrar su supuesta buena suerte. Pensó en su madre, quien nunca dejaba de repetir que el valor de una mujer dependía del hombre con el que se casara, o de decirle cosas como, "Si eres una buena mujer, entonces conseguirás un buen hombre". A medida que sumó razones para no huir, también se fue resignando a actuar como niña buena. Se dijo a sí misma que Steve solamente estaba nervioso y todo estaría bien después. Al tomar del brazo a su padre y caminar por la nave de la iglesia, Melanie se puso la máscara de "Soy muy feliz, estoy llena de gozo y muy enamorada", pero en el fondo, quería morirse. En la noche las cosas mejoraron porque la gente bebió, bailó y celebró a los recién casados, pero unos días después, cuando la pareja se mudó a su casa, la realidad volvió a manifestarse.

Melanie nos relató la historia con lágrimas en los ojos, y yo incluso alcancé a escuchar la vergüenza, dolor y sentimiento de pérdida que aquella hermosa mujer vivió el día de su boda. Se quedó ahí parada y confesó que jamás le había contado a nadie la historia. Entonces le comenté que, al compartirla, también había admitido su participación en aquella relación tan disfuncional y abusiva, y ella agregó que jamás lo había visto desde esa perspectiva, pero ahora distinguía con claridad el momento coyuntural en que tomó la decisión. Melanie se dio cuenta de que tuvo la opción de dar la vuelta y huir, o de sucumbir, y de que, al elegir esta última, se convirtió en víctima. Durante cuarenta años se saboteó a sí misma de manera recurrente, pero estando ahí, en la seguridad del salón de seminarios, comprendió que era ahora o nunca, que si quería recuperar su pasión y vitalidad, y encontrar algo de felicidad en su futuro, debería hacerse responsable de sus decisiones y de las creencias que la condujeron a tomarlas. Al hacerlo, aquella mujer por fin tuvo acceso al coraje que necesitaba para dejar a su esposo, libertad para mantenerse y tomar sus decisiones, y confianza en sí misma y en su relación con lo Divino.

Cada vez que la veo ahora, ríe con mucho ahínco. Sabe que, al culparlo a él en lugar de aceptar su propia responsabilidad y mudarse lo antes posible, en realidad renunció a mucho de su poder. El día de su divorcio Melanie me escribió una nota que decía, "Por fin me liberé".

Ver a través de la mirada de la creación compartida, darnos cuenta de que somos partícipes en el diseño del universo, de nuestras relaciones y de la experiencia, nos permite identificar los patrones invisibles que existen en nuestro interior. Y con esta sabiduría y lucidez en la visión, somos capaces de marcar el límite, soltar el ancla y liberarnos. Librarnos del pasado nos da la libertad emocional para convertirnos en esas valientes mujeres que debimos ser desde que nacimos.

El proceso de la libertad emocional

Si quieres, pon un poco de música para relajarte. Saca tu diario y, con una inhalación profunda, abre tu mente y realiza los siguientes ejercicios.

1. **Identifica a la víctima interior:** Haz una lista de las situaciones de tu vida en las que culpas a alguien más, señalas con el dedo, enfureces y te sientes la víctima.
2. **Identifica el bloqueo mayor:** De la lista que acabas de hacer, encierra en un círculo las tres situaciones que más obstaculizan tu coraje y confianza.
3. **Acepta tu participación:** Escribe en tu diario si tuviste algo que ver en estas tragedias. Describe tu participación. ¿Qué decisiones te colocaron en cada caso? Pero

por favor no te culpes ni te atormentes. Si por el momento sólo te viene a la mente una situación en la que fuiste víctima, mejor tómate tu tiempo y piensa en otra.

4. **Encuentra los regalos:** Responde las siguientes preguntas acerca de esta desafiante situación:

   ¿Cómo puedo aprender de esto?
   ¿Cuál es el mensaje que necesito escuchar?
   ¿Cuál es el regalo que esta experiencia tiene para mí?

5. **Libérate:** Realiza una acción que te sirva para deshacerte de cualquier carga relacionada con las tres situaciones. De esta manera avanzarás en la vida con gracia, determinación y confianza divina.

Activación del coraje

Salva a esa persona que le gusta complacer a los demás y vive dentro de ti. Diles "no" a por lo menos tres personas que te soliciten algo, y recuérdate a ti misma que no hay problema en decir "no". ¡Disfruta! Hazlo cuantas veces puedas en las siguientes seis semanas. Decir "no", es benéfico para ti.

Construcción de la confianza

Sal al mundo y deja que te rechacen tres veces. A propósito pide cosas (como favores, ayuda, dinero, participación en un proyecto o algo así) que te van a negar. Podrías pedirle a alguien muy ocupado porque tiene un restaurante enorme, que vaya a tu casa a cocinar para ti y tu familia. O pídele cincuenta mil dólares pagaderos a cuatro meses, a alguien que sepas que le desagrada muchísimo prestar dinero. Si te preguntan por qué lo haces, diles que no es asunto de ellos. Luego, cuan-

do se nieguen a hacerlo, di: "Gracias por dejarme intentarlo".
¡No les digas que es parte de tu tarea! Ésta es una excelente
oportunidad para confirmar que no hay nada de malo en que
la gente te diga que no.

Bonus de coraje y confianza

Haz una lista de siete situaciones en que hayas dicho la verdad a pesar de que no querías.

El código de la compasión genuina

Tú tienes el poder para darle un nuevo y profundo significado a tu pasado y a todas las experiencias vividas. Déjame decirte que necesitabas esas vivencias para ser quien deseas ser en el mundo y para hacerlo por ti misma, por tu familia, tu comunidad y la humanidad. En tu vida se han presentado la gente y las experiencias perfectas; tu familia, por ejemplo, es la familia perfecta para aprender, crecer y evolucionar. Sin embargo, la Voz del Miedo, con sus insistentes quejas, oscurece esta verdad e intenta minimizar el poder de tu vida. Para acallar a la Voz del Miedo sólo extiende la mano hacia lo hermoso y desconocido, e invoca la compasión genuina para creer que todo lo que has vivido, incluso los momentos más terribles, tiene un significado muy profundo.

El código de la Compasión Genuina nace de la creencia de que hay una razón más relevante para todo. Hay un designio para tu vida, y vale la pena luchar por él. Este plan contiene un significado profundo por encima del entendimiento de tu ego. El código te invita a conocer y aceptar esa realidad mayor, sólo es necesario abandonar tu limitada perspectiva e imbuirte en la noción universal de que no existen las coincidencias y todo sucede por una razón aunque tú no puedas comprenderlo. Esta visión puede cambiar la vida por sí misma, ya que te saca de la costumbre de pensar cosas como, "¿Por qué yo?", "Pobre de mí", "No debería ser así", "¿Por qué está pasando esto?", "¿Por qué sucedió?", o, "Todo es culpa de ellos". Y es que todas estas opciones terminan transformándose en culpa. Cuando tu juez interior encuentra evidencia para aferrarse al dolor que te mantiene atrapada en el pasado y llena de resentimientos, entonces se vuelve imposible vincularte con tu corazón compasivo.

La voz del miedo insiste en que los desafíos vividos te dejaron marcada para siempre. Pero el costo de escucharla, tal vez lo puedas identificar mejor en los patrones de comportamiento que llenan tu vida (ya sean los ciclos repetitivos de sabotaje y adicción; o en las relaciones conflictivas con amantes, amigos, compañeros de trabajo o miembros de la familia). Estos patrones también podrían estarse manifestando en tu cuerpo o situación económica, sin embargo, el mayor daño se lo hace a tu coraje y confianza.

Para participar en el estado de la compasión genuina debemos buscar e identificar resentimientos y rencores que tanto nos pesan; sin embargo, para muchos, eso implica salir primero del estado de negación. A menudo olvidamos que aún no hemos digerido la ira y, por lo tanto, nos distraemos con el deleite de adicciones que oscurecen la verdad emocional. Son ese tipo de hábitos y antojos que sólo nos brindan momentos breves de satisfacción en lugar de la paz interior a largo plazo que en realidad necesitamos. E incluso cuando estamos plenamente conscientes de que aún albergamos resentimientos y rencores hacia nuestros ex, nuestros jefes o ciertos familiares, por lo general sólo usamos la información como mecanismo de defensa. Saber que guardamos ira en el corazón, se convierte en un escudo que aprovechamos para construir una sensación falsa de confianza y hacernos sentir mejor; pero mientras tanto, nos empeñamos en pasar por alto el verdadero costo que tiene la preservación de dichos sentimientos.

Mientras continuemos cargando los problemas del pasado, nos será muy difícil abrir el corazón. Es imposible vivir nuestra gracia si el corazón está cerrado al mundo, y la verdad es que no es necesario esperar hasta la muerte (emocional, espiritual o física) como hace la mayoría de la gente, para dejar atrás las piedras, esos sentimientos negativos que guardamos hacia otras personas. Casi todo mundo tiene resentimientos: piedras enormes que nos impiden avanzar y dejar atrás el pasado. Sin embargo, también podemos soltarlas gracias al poder del perdón. La decisión está en nuestras manos.

Creo que muchos hemos leído y hablado sobre el perdón, y a nivel intelectual entendemos por qué puede ser benéfico deshacerse del enojo que sentimos hacia otras personas; a pesar de ello, continuamos con resentimientos. Eso sucede porque pensamos que al aferrarnos al rencor lograremos vengarnos y hacer que la otra persona pague por lo que nos hizo, pero nunca es así. Alguien muy sabio escribió: "El resentimiento es como beber veneno y esperar que quien nos hizo daño, se muera". Al final, los únicos que morimos somos nosotros.

Kathy ingresó al Retiro del proceso de las sombras vestida con su traje deportivo predilecto, uno de color rosa de Juicy Couture. Traía el largo cabello suelto sobre la espalda. Era una mujer para voltear a admirarse, ciertamente. Pero su femenino contoneo no fue suficiente para ocultar la devastación, enojo e ira que se leían en su rostro. ¿Por qué tanto habría pasado? ¿Qué experiencia la habría despojado de su legítima confianza? Kathy se sentó al frente con una actitud tan seria que me inquietó. Todo mundo llega al Retiro del proceso de las sombras con el corazón roto, algo de dolor o tal vez un oscuro secreto que desea compartir; pero por las preguntas que ella hizo y las notas que tomó, me di cuenta de que estaba analizando las cosas más a fondo. Kathy fue inusualmente articulada y persuasiva, en especial, al justificar su pasado. Poco después me enteré de que era abogada.

El fin de semana fue transcurriendo y lo único que yo podía pensar, era: "Esta mujer me detesta". Estaba segura de que Kathy odió mi insistencia en señalar que toda terrible experiencia nos puede brindar un regalo. Finalmente llegamos al punto límite cuando, con absoluta renuencia a aceptar la idea, Kathy se puso de pie para defender su caso. Como cualquier buen abogado, había reunido kilos y kilos de evidencia para demostrar que no había nada de bueno ni de divino en su experiencia. Ella era la afectada, ésa era su defensa y estaba decidida a apegarse a ella. Caso cerrado. Entonces yo le dije que podía volver a casa con todo su resentimiento e ira intactos, pero eso no la haría sentir mejor ni modificaría los resultados de lo que le había pasado.

La historia de Kathy es más o menos la que narraré a continuación.

Ella y su esposo eran, a todas luces, la pareja perfecta. Todo mundo quería formar parte de su círculo social e imitar la glamorosa vida que tenían como pareja y como familia. Kathy tenía veintisiete años cuando se casó con Stuart, un hombre quince años mayor. Creía que él era confiable y generoso, podría hacerse cargo de ella de la misma manera que lo había hecho su padre. Pero después de sólo unos cuantos años, Stuart empezó a transformarse poco a poco en un monstruo. Las pistas se fueron acumulando. Por varios años no asistió a comidas familiares, no se apareció en las obras escolares ni recitales de sus tres hermosas hijas, y ni siquiera les dio el beso de buenas noches. A pesar de que sabía que las niñas lo esperaban, él nunca aparecía. Su forma de beber se convirtió en un problema y siempre avergonzaba a Kathy en público: se peleaba por las llaves regresando de cenar, o se le pegaba a una mujer con traje de mucama francesa en una fiesta de *Halloween*. El día del b'nai mitzvah de sus hijas, se emborrachó y se negó a decir algo lindo para ellas. De hecho, cuando le dieron el micrófono aquella tarde, prácticamente ni las mencionó y sólo desperdició el tiempo dedicándose a balbucear tonterías sobre un niño que también estaba en la fiesta, hijo de otra pareja.

Por supuesto, poco después se dieron las infidelidades. Kathy lo esperaba todas las noches y se negaba a creer que él pudiera llegar tan lejos, pero cuando las mujeres comenzaron a llamar a su casa, se dio cuenta de que más le valía abrir los ojos.

Luego llegó aquel día en que un conocido le sugirió entrar a un sitio de Internet que habían abierto los disgustados empleados de Stuart para exponerlo públicamente. A Kathy se le revolvió el estómago, pero aun así, se preparó, cerró las puertas y se sentó frente a la computadora, tratando de reunir valor para entrar al sitio. Cuando lo hizo, se dio cuenta de que era mucho peor de lo que había imaginado. Un ex empleado escribió el siguiente comentario: "Stuart tiene una gran esposa, es una lástima que él sea un marrano. ¿Ustedes creen que esté enterada de que la engaña con su amiga Bárbara? La última vez que fui a su oficina, ella estaba debajo del escritorio". Cuando Kathy leyó que no sólo su esposo la engañaba, sino también una de sus amigas más cercanas, alguien que iba a su casa con frecuencia a comer o a reuniones familiares, se sintió tan lastimada que no supo qué hacer con su tristeza. Por eso reaccionó como acostumbraba: ocultó toda la angustia en el fondo de su ser, en lo más profundo, y sonrió por fuera.

Luego vino la puñalada final, la cena de Día de Acción de Gracias en casa de su hermana. Todos en la familia sabían que la cena era muy importante para los padres de Kathy, así que se vistieron impecablemente para mostrar su respeto. Sus hijas se veían preciosas, también ella. Hasta Stuart se arregló para esa noche y lucía como el hombre con el que ella se había casado. Kathy camino al auto, pero luego él la detuvo, la tomó del brazo y la jaló hacia atrás. Le dijo: "No voy a ir hoy a casa de tu hermana a menos de que me hagas un cheque por medio millón de dólares ahora mismo". Kathy se quedó boquiabierta. Sin saber qué hacer o decir, y con las niñas esperando en el auto, se puso a pensar qué sería peor: si darle más dinero a Stuart y someterse a la extorsión, o explicarle a su familia, una vez más, por qué su esposo no había ido a cenar en una noche tan importante. Con lágrimas en los ojos, volvió al vestíbulo, sacó la chequera de su bolso e hizo un cheque por quinientos mil dólares para Stuart. Llena de vergüenza, Kathy calculó que ya le había dado o prestado a ese hombre más de tres millones de dólares, y éste seguía tratándola como basura. Entonces se dio cuenta de que estaba tratando de comprar el amor que él no le iba a dar gratuitamente. A pesar de que estaba decidida a permanecer casada para evitar la vergüenza del divorcio y para que sus hijas crecieran junto a su padre, el abuso emocional había llegado a un nivel imposible de manejar.

Todos contuvimos la respiración en el taller mientras ella narró el horror, y cuando terminó, tuvimos que respirar muy hondo. Era difícil creer que eso le hubiera sucedido a alguien, pero especialmente a esa mujer que, a todas luces, era fuerte, confiada, preparada e informada. Le volví a asegurar a Kathy que tenía todo el derecho de estar enojada, resentida y lastimada, y era una primera reacción muy sana. De hecho, tras oír las primeras anécdotas, hasta yo sentí ganas de enterrarle un cuchillo al marido. Kathy había soportado el tipo de intimidación que nadie tendría por qué aceptar. Yo no quería minimizar su dolor ni la tremenda herida que le atravesaba el corazón, pero para que ella pudiera dar el siguiente paso, debería darse cuenta de lo caro que le estaba saliendo aferrarse a la ira y al resentimiento.

Kathy aceptó que no podía iniciar una relación con otro hombre. De hecho, ni siquiera podía salir a cenar con alguien sin dejar de pensar en que la traicionaría. Dejó de ser un modelo a seguir para sus hijas, quienes eran lo más importante en el mundo para ella. Las niñas ya la veían como víctima porque continuamente se dejaba intimidar por su marido. Ahora ellas también tenían la dinámica víctima/victimario fuertemente impresa en la psique. El odio y el resentimiento le estaban arrebatando a Kathy el gozo, la libertad emocional y la capacidad de apreciar lo afortunada que era por haber nacido en el seno de una familia que tenía suficiente dinero para respaldarla de por vida. En lo único que pensaba era en lo mucho de ese dinero que había regalado. Cuando comprendió bien cuál era el costo que el rencor le estaba haciendo pagar en su vida, la vida de sus hijas y el futuro de su amorosa familia, Kathy rompió en llanto. Había perdido su matrimonio soñado, su dignidad y su fe, pero cuando permitió que el dolor comenzara a salir, la ira menguó y su corazón se abrió gradualmente. Entonces volvió a ser la dulce mujer que siempre había sido, la que había tratado con tanto empeño de mantener a su familia unida.

Había llegado el momento de ver si Kathy estaba dispuesta a abrir su corazón a la compasión. Sería un gran paso para alguien a quien habían traicionado de una forma tan brutal, por eso le pedí que suspendiera momentáneamente lo que pensaba de su vida y visualizara una nueva realidad. Le pedí que se colocara en una situación hipotética en la que todo el universo la amaba y el Yo superior la celebraba, un lugar donde sólo pudiera ver lo positivo e identificar las bendiciones que le brindaría la experiencia. Le pedí que cerrara sus ojos mortales y contemplara su vida a través de los ojos de la compasión genuina. ¿Qué vio? Lo primero fue cuán lastimado estaba Stuart, pues todo lo que hizo fue sólo una manera de compensarse a sí mismo por no sentirse a la altura de ella. Kathy también se dio cuenta de que había aprendido algo sobre responsabilidad financiera por primera vez desde que le fue heredado el dinero de su familia, enseñanza que nunca recibió antes de sus problemas con Stuart. Asimismo, hasta antes de la pesadilla con su esposo, Kathy jamás había admitido lo avergonzada y culpable que se sentía de ser rica. Tampoco estaba al tanto de la pena e incomodidad que le producía el estado en que se encontraba su matrimonio. Además, por mucho tiempo llevó una vida doble que la separó de su familia, porque no estaba dispuesta a revelar la pavorosa verdad de que su marido sólo quería su dinero. La mayor bendición que identificó a través de la mirada de la compasión, fue el admirable ejemplo que ahora les estaba dando a sus tres hijas: el de hacerse cargo de sí mismas y no esperar que llegue su príncipe azul montado en un caballo blanco como su mamá alguna vez hizo. Gracias a todas sus experiencias, Kathy aprendió que el dinero podía remplazarse, pero el amor que tenía por sus hijas, y éstas por ella, no.

Nuestra compañera había llegado al momento de la verdad. Le pregunté, "¿Tienes suficiente coraje, fuerza y temeridad para cortar el cordón del resentimiento? ¿Para soltar la piedra?". Ella cerró los ojos para buscar la respuesta a mi pregunta, y luego, con una voz suave y honesta, dijo: "Sí lo estoy. Tengo suficiente coraje para hacer esto". Tras ese compromiso verbal, le pedí que imaginara que toda aquella vida pasada con Stuart se estaba encogiendo hasta el punto de que podía colocarla sobre la uña de su dedo meñique, y todo sería una fracción ínfima de su historia.

Actualmente Kathy lleva una vida asombrosa. Después de cursar mis programas de entrenamiento avanzado para ser entrenadora y líder de transformación, encontró una pasión que sólo pudo haber nacido de su particular experiencia de matrimonio y divorcio. Kathy posee una enorme inspiración que le sirve para salir al mundo y hablar sobre el trabajo del *Divorcio Espiritual*, basado en mi segundo libro. Este trabajo ayuda a las mujeres a transformar su experiencia personal de divorcio en un poderoso catalizador para tener una vida extraordinaria. Ya libre de resentimiento y amargura, Kathy aprovechó su habilidad para ayudar a otras mujeres a levantarse de entre las cenizas del pasado.

Justamente en el centro de la sanación y de la transformación de Kathy, se produjo el perdón que ella por fin pudo otorgarse a sí misma e incluso a Stuart. No sucedió de inmediato, pero el proceso de verdad la liberó de la esclavitud del ayer.

La práctica del perdón es vital para sanar nuestros corazones y estar dispuestas a abrirnos a un nivel aún más grande de conexión divina. Esta sagrada fuente es el origen de nuestro amor, coraje y confianza. Es el amor que nos transporta a un lugar donde el corazón es puro y no sentimos rencor por nadie porque sabemos que el universo nos acerca a la gente y las experiencias perfectas para la evolución de nuestra alma, y eso nos permite volver a vincularnos y vivir como mensajeros divinos.

A pesar de que "sabemos" que nuestras experiencias tratan de conducirnos a la apertura y al amor, es fundamental llegar a ésta conclusión con nuestros corazones, no con la cabeza. Aferrarnos a rencores, resentimientos, ira, culpa, arrepentimiento, juicio, amargura, desilusión, mojigatería, odio o deseo de venganza, resulta un obstáculo entre nosotras y el corazón amoroso. La falta de lazos con la compasión legítima, nos impide ser mensajeras divinas, ya que el resentimiento nos mantiene estancadas y nos impide levantar ese pie que aún tenemos plantado en el pasado. Si queremos avanzar como guerreras del amor, como mujeres de coraje, fuerza y poder, no debemos permitir que los incidentes del pasado nos hagan caer por mucho tiempo. Debemos liberar a los otros y, sobre todo, a nosotras mismas de la prisión del pasado.

El reconocido médium James Van Praagh, dice: "Vemos estos sucesos como hechos espantosos, como experiencias terribles y oscuras cuando, en realidad, son procesos iluminadores porque nos ayudan a ser quien en verdad somos".

Es muy común que vivamos con dolor y guardemos rencores, porque solemos endilgarles interpretaciones y sentimientos muy negativos a nuestras experiencias que hemos tenido y no estamos dispuestas a dejarlas atrás. De hecho, la interpretación que hagamos de los sucesos será lo único que continuará hiriéndonos o haciéndonos sentir poderosos. El significado que elegimos asignarles a las experiencias dolorosas de nuestra vida, tiene el poder de hundirnos en el pasado o apoyarnos en nuestro deseo de cabalgar con brío hacia el futuro.

Al entender el verdadero costo que implica aferrarse a algún tipo de rencor o resentimiento, empezamos a tomar la difícil decisión de perdonar. El precio puede ser brutal, pero los resultados literalmente cambiarán la dirección de nuestra vida. Es fundamental hacer un recuento de lo que nos quitan los resentimientos y de las maneras en que nos **drenan del poder y la luz.**

Aferrarse a los resentimientos y rencores, tiene los siguientes resultados:

Disminuye nuestra autoestima.
Nos separa de nosotras mismas.
Nos mantiene debilitadas y viviendo en el pasado.
Impide que sanen las heridas profundas.
Nos convierte en víctimas.
Mina la confianza.
Nos obliga a estar a la defensiva.
Drena nuestra energía.
Nos endurece.
Nos hace viejas, iracundas y débiles.
Produce estrés.
Disminuye el valor.
Nos roba relaciones satisfactorias.
Nos ciega ante las nuevas oportunidades.
Pone en riesgo la salud.

Y la lista no termina.

Los rencores y resentimientos también nos pueden despojar de los mayores anhelos. Angie ha estudiado conmigo desde hace mucho tiempo. Es una hermosa y dulce mujer de treinta y ocho años, que siempre le arranca una sonrisa a todo mundo, pero solía quejarse demasiado de no encontrar un hombre con el que pudiera tener una relación sentimental. A mí me parecía ilógico porque tenía mucho tiempo de tratarla y había visto que, cada vez que alguien la conocía, se enamoraba de ella. Después de escuchar sus quejas por centésima vez, le dije que tal vez su actitud se relacionaba con algo sucedido anteriormente en su vida, porque era imposible que no hubiera montones de hombres interesados en entablar una relación con ella. Le pedí que contemplara su pasado y ubicara su primera experiencia negativa con un hombre. Entonces me contó la siguiente historia.

"Obtuve mi primer empleo a los quince años. Fue en una tienda de artículos de tenis y golf. Como me encantaban los deportes, estaba muy emocionada de trabajar ahí y ganar mi propio dinero. Pasadas algunas semanas, Rob, mi jefe, quien me llevaba veinticinco años, empezó a hacer comentarios sobre lo bonita y especial que era. Decía que estaba muy contento de que trabajara para él y, a pesar de que me encantaba que me lo dijera (por unos instantes fortalecía mi autoestima), la verdad me incomodaba mucho su forma de mirarme. Rob compartió algunas historias íntimas sobre su relación con su esposa y me contó que era muy infeliz por estar casado con ella. A veces llegaba a alterarse bastante cuando me contaba que era una perra fea, pero yo sólo lo escuchaba, preguntándome por qué me daría todos los detalles de su matrimonio.

"El tiempo pasó y Rob fue otorgándome más responsabilidades. A veces me dejaba a cargo de la tienda. Dejaba dicho que iba a dar una clase privada de tenis y si su esposa llamaba, debía informarle que atendía un asunto de la tienda. Por supuesto yo sabía que tenía relaciones sexuales con otras mujeres, pero traté de ignorar esa información porque deseaba conservar mi empleo. Cada vez que Rob se extralimitaba, sólo me compraba un regalo; algo como una bicicleta o ropa, o me daba un cheque de nómina por una cantidad mayor. Podía ser cualquier cosa. Pero luego sucedió lo inimaginable: me pidió que fuera a la parte trasera de la tienda.

"Tuve un mal presentimiento, como si algo no anduviera bien. Se me revolvió el estómago y titubeé, pero fui de todas maneras. Cuando llegué a la oficina de atrás encontré a Robert con los calzoncillos a la altura de los tobillos, masturbándose. Yo no podía creer lo que estaba haciendo, y de repente me dijo, 'Ven acá, ¿quieres tocarme?' Asombrada contesté, '¡No!' Rob notó el asco en mi rostro, y rápidamente dijo, 'No te preocupes, no tienes que tocarme si no quieres, sólo mírame'. Y eso hice. Me mantuve callada; me sentía profundamente asqueada, avergonzada y humillada. No tenía a quién contár-

selo. Desde entonces decidí que usaría ropa mucho más hol-
gada para que los hombres no me vieran como objeto sexual,
y comencé a beber para ocultar el dolor de sentirme repugnante y poco atractiva.

La emoción fue invadiendo a Angie conforme narraba su
historia. El peso que había cargado y el resentimiento clavado
en el fondo de su ser, afloraron. De pronto comprendió que
aquel incidente había afectado todas sus relaciones personales
con los hombres durante los últimos veintitrés años. Angie
admitió que aquella experiencia que le robó la inocencia, la
hacía sentir sucia en relación con los hombres hasta la fecha.
Entonces no quedó duda de que ésa era la problemática subyacente. De pronto quedó muy claro que Angie necesitaba
cerrar el ciclo de aquella traumática experiencia para seguir
adelante, relacionarse con otras personas y atraer a hombres
que la respetaran y honraran. Por eso le pedí que le escribiera
una carta a Rob en la que expresara todos sus sentimientos,
pero le aclaré que no se la enviaría. Debía escribir todo lo que
le comunicaba la Voz de la Culpa, había llegado el momento
de olvidar, soltar la piedra y seguir adelante. Cuando Angie
me leyó la carta, percibí el veneno y la fuerza de su voz. Por
fin estaba lidiando con un resentimiento que ni siquiera sabía que guardaba.

Rob,

Tú robaste la parte más profunda de mi alma y me violas-
te con tu enfermo y retorcido comportamiento sexual. Me hiciste
sentir despreciable, asquerosa, sucia, y desde aquel repugnante y
pervertido instante en que me obligaste a ver cómo te masturba-
bas, he pensado que ningún hombre querría acercarse a mí. Te
aprovechaste de mí con tu mente enferma; me hiciste creer que
era especial e importante pero sólo me querías para darte placer y
satisfacerte. Eres un depredador y me habría encantado denun-
ciarte. Te odio muchísimo. Te odio por controlarme y hacerme
sentir como tu prostituta, alguien que sólo servía para tu enfer-

mizo y retorcido placer. ¿*Cómo pudiste despojarme de la alegría de ser una adolescente normal? Te odio por eso. Eres un* HOMBRE ENFERMO Y JODIDO. ESPERO QUE TE PUDRAS EN EL INFIERNO.

Angie

Cuando terminó de leer la carta, le pregunté si estaba lista para cortar la soga y dejar atrás su resentimiento. Para hacer eso debía aceptar que Rob era un hombre enfermo y, por desgracia, ella había caído en la trampa de su demencia. Debía aceptar que, aunque él había actuado mal, si ella realmente quería encontrar el verdadero e íntimo amor, debería vincularse con la Voz de la Compasión Genuina. La aceptación de ese hecho sería como aplicar un bálsamo a su corazón, y así, prepararlo para recibir las bendiciones que la experiencia le brindaba. Angie respiró honda y lentamente, y yo le pedí me dijera qué le quería decir la Voz de la Compasión Genuina. Ella se sintonizó y escuchó lo siguiente:

> *Perdona para que tu corazón pueda ser más grande y suave.*
> *Lo Divino cuidará de ti.*
> *No debes temer, abre tu corazón y entrégate.*
> *Ya puedes olvidar este incidente.*
> *Encuentra el amor dentro de tu corazón. Está ahí, llamándote.*
> *Olvídalo y permite que el amor de Dios llene tu corazón y te guíe.*
> *Todas las historias y el dolor te han convertido en la mujer que eres ahora.*
> *Agradece cada segundo de tu pasado.*
> *Sé un faro de luz en la oscuridad.*
> *Cree en mí.*
> *Estás a salvo en los brazos de lo Divino.*

Escuchar a la Voz de la Compasión Genuina cambió la visión que tenía Angie del incidente y de toda su vida también. La ayudó a sentirse más ligera, feliz y espontánea; más en contacto con su corazón compasivo.

Había llegado el momento de que Kathy reclamara las bendiciones, las lecciones y la sabiduría de esta experiencia. Mi estudiante aprendió a respetarse a sí misma y a confiar en sus instintos; se comprometió a enseñar y a entrenar a jovencitas adolescentes para que supieran cuidarse solas. Desarrolló una compasión muy profunda por las víctimas de acoso o abuso sexual. Kathy fue identificando, una tras otra, las bendiciones y yo, de pronto, escuché la innegable confianza en su voz y la canción de amor que manaba de su corazón.

Al permitir a la compasión efectuar un cambio en nosotros, como hizo Angie, es posible alcanzar una paz profunda e ilimitada. Las percepciones se afinan y adquirimos la habilidad de ver a la gente de distinta manera. Nos sintonizamos con lo Divino y coincidimos con una recién encontrada fuente de felicidad, gozo, amor, valor y confianza.

Al regodearnos en la humilde misión de nuestra alma aquí en la tierra, se hace posible liberarnos de la eterna historia: la del ego lastimado. Pero también van surgiendo las posibilidades de contribuir como es nuestro deber. Guardar rencores y culpar a otros, son actos propios del ego, en tanto que renunciar y perdonar, son actos de lo Divino. Es una decisión que tomamos en todo momento: coincidir con el ego o el amor divino que nos trajo al mundo. De pronto el corazón se abre y nos imbuimos con la gracia y el flujo de los milagros que nos ofrece la vida de manera permanente.

EL PROCESO DE LA COMPASIÓN GENUINA

Por un rato haz a un lado tus proyectos y la lista de pendientes. Saca tu diario y prepárate para un periodo de reflexión que te ayudará a transformar tu vida.

1. **Reconoce tus resentimientos:** Cierra los ojos, respira hondo y permite a tus rencores y resentimientos hacerse presentes en tu conciencia. Haz una lista. ¿De cuáles heridas o traiciones no te has repuesto aún?

2. **El debilitamiento de tu coraje y confianza:** Haz una lista de lo mucho que te cuesta aferrarte a rencores y resentimientos. ¿Cómo afecta eso tu salud, energía, tiempo, creatividad y alegría? Y más específicamente, ¿de qué manera debilita tu coraje y tu confianza?

3. **El mayor resentimiento:** Elige el resentimiento o rencor que representa un mayor obstáculo para que seas una confiada y valerosa guerrera del amor.

4. **La historia sin censura:** Narra la experiencia con todos los detalles trágicos y desagradables.

5. **Limpia tu corazón:** Escribe una carta en la que culpes a la persona que te hizo daño. En ella dale luz verde a tu ira y resentimiento contra esa persona. No te guardes nada. (No te preocupes, no la vas a entregar.)

6. **La Voz de la Compasión Genuina:** Sintonízate con la Voz de la Compasión Genuina y escribe lo que te dice respecto a la situación. Escucha lo que quiere compartir contigo sobre las bendiciones recibidas gracias a esta experiencia.

7. **Perdona:** Esta semana realiza una acción que te libere de la carga del resentimiento para abrirte a la vida de manera más plena.

Activación del coraje

Comunícale a una persona algo que te haya dado miedo expresar hasta ahora... Pero hazlo sin preocuparte si está o no de acuerdo contigo. Comparte tu carta de culpa con una amiga o amigo compasivo.

Construcción de la confianza

Haz una lista de todas las bendiciones, regalos y gracias que llenan tu vida. Escribe por lo menos diez cosas por las que estés agradecida, y luego añade una nueva cada día.

Bonus de coraje y confianza

Haz una lista de cinco ocasiones en tu vida en que admitiste estar equivocada.

El código del corazón amoroso

El amor por sí mismo es el código de la guerrera. Es la fuente de su coraje y confianza. Cuando ella está concentrada y atenta a todo en lo que participa, entonces asume cualquier desafío, proyecto o futuro que desee. Su corazón quiere servir, proteger, amar y sanar a quienes aparecen en su camino. Es suficientemente inteligente para que cualquier cosa que parezca atarla al pasado, sólo le restará rapidez o la lanzará en una dirección que no conduce al cumplimiento de sus sueños. Todos los días reza para tener fuerza y amar todo lo que ella es, para tener coraje y escuchar hacia dónde es guiada, para reunir la confianza de salir, ponerse de pie con altivez y compartir sus dones con el mundo. Su mayor fuente de inspiración es el momento presente, y debido a que su intención y su enfoque son lúcidos, puede abrirse a quien ella es y a quien desea ser.

Si no cierras el ciclo de tu pasado, lo vas cargando a todos lados y lo usas como punto de referencia para definir quién eres, qué piensas, en qué crees y qué decisiones tomas. Sin saberlo, te hundes en experiencias del pasado que, casi siempre, terminan indicándote qué puedes o no hacer. En lugar de ser fuerte en este momento y mirar hacia el futuro que tanto te emociona, te quedas escuchando los mismos diálogos que dan vueltas en tu cabeza. Así que, ahora que lo sabes, ¿cómo esperas que tu futuro sea distinto a tu pasado si, sin siquiera darte cuenta, continúas volviendo a éste para decidir quién eres y de qué eres capaz? En estos momentos de decisiones tan importantes en que necesitas de todo tu coraje y toda tu fuerza, y de la visión más completa de quien eres, ¿lo único que se te ocurre es traer al presente tus imitaciones y proyectarlas hacia el futuro?

Por ejemplo, por fin le confiesas a una amiga que al estar con ella se te acaba la energía. Lo primero que te va a pasar por la mente, será, "Ya pensé mucho en esto. Ya traté de decírselo. Voy a herir sus sentimientos y eso no es agradable. Mejor mantendré la boca cerrada. Más me vale". Y luego, como una cobarde, renuncias a tu poder. Te callas algo que deberías revelar, sólo porque piensas que así será mejor, eso fue lo que aprendiste en el pasado. Proyectas los sentimientos del ser que fuiste antes, hacia este momento y, a partir de ahí, tomas tu decisión. Y esa decisión, por supuesto, afecta tu futuro, tu autoestima y tu confianza. El efecto de ondas expansivas se desencadena. Le permites a tu temeroso Yo tomar las decisiones, en lugar de tener coraje y confianza para elegir con frescura y con base en lo que eres hoy y quieres ser en el futuro. En tanto no dejes el pasado atrás, tu comportamiento seguirá siendo muy predecible.

Cerrar ciclos es un elemento fundamental para amarse a uno mismo en un nivel superior. A mí me emociona mucho hacerlo porque, de esa forma, literalmente estás eligiendo dejar el pasado atrás. Ahí es cuando marcas la línea en la arena. Tal vez todavía debes escribir cartas, conversar con algunas personas y vivir ciertas conclusiones, pero al fin estás completamente segura de tus acciones. Tu compromiso con el código del Corazón Amoroso te guía mientras tú decides cuál será tu siguiente paso y cómo lo darás. Sabrás que ya estás cerrando ciclos cuando tengas una sensación de liberación y percibas que tu fuerza regresa porque tomaste la valiente decisión de vivir como una guerrera del amor, fuerte y llena de confianza.

Sólo recuerda el momento en que terminaste un proyecto difícil, algo en lo que trabajaste durante mucho tiempo. Un momento en que la emoción, el entusiasmo y el orgullo te hayan embargado. En esos instantes sagrados, te amas y ves a través de los ojos de tu divino corazón. Te olvidas del pasado pero no te enfocas en el futuro: sólo vives el momento. Permaneces concentrado en la aceptación pura y en el asombro.

Cerrar ciclos te permite estar presente en todo lo que existe ahora. Te da una visión de superhéroe porque, al ser integral, ya no estás comprometida con la visión de tu Yo herido, con los ojos del pasado o del miedo. Más bien, das vuelta en la esquina, te quedas en el momento presente y te declaras un ser completo. Al ser completa, estás declarando que no volverás a hundirte en el pasado ni a escuchar las conocidas voces del miedo y la limitación que tantas veces se comunicaron contigo. Al ser completa descubres con mucha frecuencia el momento de perfección pura, el presente, donde encontrarás a tu valerosa guerrera, y donde valor y la confianza serán tu motivación: ya no habrá miedo.

El año pasado, en uno de mis entrenamientos avanzados, hablé sobre el cierre de ciclos y aproveché la oportunidad para pensar en lo que necesitaba para sentirme completa. Llevaba bastante tiempo exhausta y débil, como si necesitara una dosis de clorofila en las venas. No tenía nada de energía, lo cual es bastante raro en mí. Cuando hice una lista de las cosas que había dejado sin terminar, me di cuenta de que, para recuperarme, tendría que hacerle saber a varias personas que ya no trabajaría en sus proyectos y que mi horario no me permitiría estar en comunicación permanente ni devolverles correos electrónicos o llamadas telefónicas. La mera idea de marcar ese límite, me aterraba.

Al preguntarme a mí misma por qué estaba tan temerosa de hacerlo, descubrí que si le decía "no" a la gente, perdería su amor o una gran oportunidad, mi carrera se vendría abajo. Y tenía evidencia suficiente para sustentar ese temor porque cada vez que decepcionaba a alguien, él o ella, se enfadaba conmigo. Por eso siempre le decía "sí" a gente que ni siquiera conocía y aceptaba proyectos en los cuales no quería participar, como escribir el prólogo de un libro, aparecer en un taller de alguien más que se transmitiría o hacer un programa de radio por Internet para veinte radioescuchas. Cada vez que alguien exclamaba, "Te necesito, eres la única que me puede ayudar", aceptaba a pesar de que mi personal y mis entrenadores están preparados para representarme. Y lo peor era que siempre aceptaba después de que las personas que solicitaban algo de mí, ya habían llamado a los demás y recibido negativas. El sentimiento de culpa era permanente. Incluso estando de vacaciones programaba llamadas recostada en hermosas playas, precisamente en los ambientes que había elegido para "relajarme y olvidarme de todo" durante algún tiempo. Entonces las vacaciones se convertían en "trabajaciones"; me engañaba y creía de verdad que descansaba y tomaba algo de tiempo libre. Descubrí que era una persona a la que le encantaba complacer a otros, a pesar de no aceptarlo a nivel subconsciente. Era obvio que mi pasado me estaba distrayendo del presente y, definitivamente, si algo no cambiaba pronto, me iba a volver parte de los muertos vivientes.

Mi estilo de vida no funcionaba. Finalmente llegué al punto del cansancio total. Un nuevo día terminaba. Comencé a sentirme más comprometida con la idea de tener una vida, en lugar de malgastar mi energía; con ayuda de mi asistente ejecutiva, hice una lista de la gente con la que necesitaba establecer, de una manera amable, nuevos límites para ya no sentirme tan agobiada. Decir "no" me hizo sumergirme en una fuente de coraje que ignoraba tener. Reuní mi fuerza interior, entregué mis comunicados con rapidez, contundencia y amor.

El resultado fue dramático. Al día siguiente tenía más energía y vida dentro de mí, de las que había sentido en años. Ahora ya no miraba al pasado para ver cómo manejaba el cansancio anteriormente y quién me había permitido ser. En lugar de eso miré a través de los ojos del futuro que anhelaba. Acepté ser una mujer cobarde y complaciente, decidí terminar con eso y, libre al fin, me lancé de lleno a ser la valerosa mujer guerrera que había en mi interior.

Una de las cosas más sorprendentes en el proceso de cerrar ciclos del pasado, fue descubrir que necesitaba amor por mí misma. La mujer que realmente se ama con el corazón entero, jamás gastaría su energía. Necesitaba perdonarme por las ocasiones en que tuve conversaciones de trabajo en lugar de cuidar de mí misma, en que había enviado mensajes de texto durante los juegos de tenis de mi hijo, o no comía para dar una clase por televisión. Perdonarme requería un compromiso de amor hacia mí misma que jamás había hecho antes. Mahatma Gandhi lo dijo mejor: "Los únicos demonios en el mundo existen en nuestros corazones. Ahí es donde debe librarse la batalla". Para abrir tu corazón y amarte por completo, debes cobrar conciencia de la convergencia de pensamientos y sentimientos en tu interior y, particularmente, del diálogo personal que escuchas todos los días. Tal vez ignores los miles de pensamientos autocríticos y negativos en ti, hasta que sintonices y escuches. Te aseguro que el panorama no siempre será agradable, pero si buscas amar todo lo que eres, la lección más difícil de aprender para todo mundo, entonces la respuesta la encontrarás en este espacio puro y lleno de amor donde aceptas, con toda su gloria e imperfecciones, a la persona que siempre has sido.

Si no abres tu corazón compasivo a ti misma, lo más seguro es que te acosen los gritos interiores y continúes saboteándote como hasta ahora. Tu conversación autocrítica representa el boleto sin retorno, la soledad y el aislamiento. La gente siempre me dice, "Pero yo amo a una parte de mí"; sin embargo, no es lo más adecuado porque "parte de ti mismo" no significa "tú Yo completo". El amor por uno mismo se relaciona con amar todo lo que eres de manera ininterrumpida. Debes identificar qué partes de ti no estás amando, y saber que cada palabra y cada idea tuyas, incluso si no la escuchas, afecta la manera en que te sientes respecto a ti misma y, finalmente, a la cantidad de confianza que te tienes en verdad.

Para estar donde elegirás amar, perdonar y abrir el corazón para ti misma, primero desarrolla una profunda práctica de conciencia para sanar y quedar en buenos términos con la niña herida que vive dentro de ti. Todos estamos condicionados, de manera inconsciente, a decirnos que estamos equivocados, criticarnos, flagelarnos y echarnos la culpa. Para compensar todos esos años de heridas, y los años de amor que esta parte de ti necesitaba y no le brindaste, necesitas practicar todos los días ejercicios que sanarán la herida que cerró tu corazón.

Una de las prácticas más transformadoras que conozco implica prestarle atención de manera constante a nuestra niña interior. El amor por ti misma te pedirá que atiendas con lucidez y gentileza esa parte tan vulnerable, ese lugar en el que puedes decir, con honestidad, "Lo siento", por todas las veces que no te tomaste en serio, las cosas que hiciste y provocaron que te sintieras mal, la forma en que te castigaste o privaste de algo, por la culpa que cargas y de que continúas avergonzándote. En otras palabras, debes abrir el corazón para ti misma de manera constante.

Cada vez que te sorprendas pensando en algo negativo sobre ti misma o diciendo algo que te minimice o avergüence, debes ser humilde y sabia para darte cuenta de que es tan malo como si se lo estuvieras haciendo a un niño todo el tiempo. Imagina que sujetas un bate de plástico o algún otro objeto con el que se pueda lastimar y luego, con cada pensamiento negativo, golpeas a ese niño. Sé que es una imagen terrible, pero es precisamente lo que te haces porque no dejas atrás el pasado y te niegas a perdonarte. Todos los días debes tomar un rato para perdonarte, permitir que el bálsamo del arrepentimiento honesto sane las heridas. Este alto nivel de respeto acelerará el proceso para cerrar ciclos y liberará a tu guerrera interior.

El objetivo no es castigarte ni culparte de nada (es decir, no debes perpetuar el abuso que ya cometiste en tu contra). Más bien debes liberarte de las cadenas del odio que te tienes.

¿Estás familiarizada con la Voz del Odio a ti misma? Te puede decir cosas como las siguientes:

No merezco ser feliz.
No valgo nada.
Me siento culpable.
Volví a meter la pata.
Me van a odiar.
Soy una maldita.
Soy demasiado excéntrica.
Estoy hecha una cerda.
Soy demasiado desorganizada.
Soy demasiado sensible.
Volví a equivocarme.
Nadie me va a querer jamás.

Y así podrías continuar...

Para hacerte sentir mejor e inflar tu falsa confianza, es posible que te inclines a señalar todo lo bueno que haces, todo el movimiento que estás viviendo, tus progresos y lo lejos que has llegado. Pero la sombra que se produce al mirar sólo lo bueno, hace que a todo lo demás lo catalogues como malo o, sencillamente, lo niegues. Debes perdonarte por no escuchar a tu intuición, no tomar tus propias decisiones, no defenderte. Debes perdonarte por las experiencias de las que más te arrepientes, por tratarte mal y culparte, por cometer esos errores y decir "sí" cuando querías decir "no", dejar que los demás cruzaran tus límites, ser celosa, competitiva o envidiosa, quedarte callada cuando debías hablar. El único antídoto es brindarte el amor que necesitas, no tratar de arreglar el pasado. Debes ser humilde y darte cuenta de que, pase lo que pase, tu niña sagrada requiere atención todo el tiempo.

A medida que experimentes el proceso de liberar enormes cantidades de amor propio, reconocerás lo que te impidió hacerlo antes. Serán tus adicciones y obsesiones; todo lo que aletarga tus emociones para no sentir cuán profundo es el odio por ti misma. Para no atender los problemas, tal vez ingieres sustancias, trabajas demasiado, te mantienes ocupada todo el tiempo, te embrollas en tus tragedias (o las de otras personas, si es que tú no tienes suficientes). Pero debes brindarte amor, respeto y atención, sentir que te perteneces. El odio por uno mismo nos despoja de alegría, energía y confianza, nos llena el cuerpo de tensión, ansiedad, pesar e incapacidad para recibir. Por si fuera poco, todo lo anterior disminuye el coraje. Quizá te has convertido en experta para brindar a los demás el amor que necesitas para ti misma con tanta desesperación. Pero cuando tengas la humildad suficiente para abrazar a tu niña interior y nutrirla, cuando sientas en el fondo de tu corazón lo mucho que deseas protegerla, podrás disculparte con ella por no escucharla y por las miles de veces que la juzgaste.

Lydia, una de mis estudiantes, nos contó que no podía dejar atrás el pasado y a amarse a sí misma porque todavía tenía veinte kilos de sobrepeso. Lydia pasó la mayor parte de su vida luchando contra este problema y lo había intentado todo: dietas, entrenadores, comidas empaquetadas, Weight Watchers, Jenny Craig, morirse de hambre, dietas frutales, dietas de carne, la Dieta de la Zona y todos los otros regímenes alimenticios patrocinados por alguna celebridad. Sin embargo, no podía apegarse a ningún sistema y, por eso, nada le funcionaba a largo plazo. Cada año se inscribía en un gimnasio pero, tras sólo unos días, regresaba arrastrándose a la cama con un platón de M&Ms y sintiéndose miserable. Le comenté que tal vez su sobrepeso era en realidad síntoma de un problema más profundo y le pregunté cuándo había comenzado a odiar su cuerpo. Lydia no me respondió porque no recordaba el tiempo en que su peso no representaba un problema. Era como si el odio por él hubiera estado perfectamente distribuido en los últimos treinta y cuatro años. Recordar un momento específico le parecía imposible.

Le pedí profundizar, respirar hondo y alejarse del asunto del peso; que identificara algún problema relacionado con su cuerpo, y, aunque no se relacionara con el peso, le hubiera hecho querer cubrirse, desconectarse del mundo o flagelarse. Tras unos minutos de silencio dejó caer la cabeza avergonzada y me contó la siguiente historia.

Lydia se embarazó por primera vez a los trece años de edad. Por supuesto, estaba confundida y temerosa, pero tuvo un aborto a tiempo y no se vio obligada a sufrir la vergüenza de que se enterara su familia. Veintiún años después se enteró de que estaba embarazada de nuevo. Ella nunca quiso tener niños con su esposo, pero pensó que el bebé lo haría muy feliz a él. Le avergonzaba, sin embargo, no querer tener al bebé, sobre todo ante la emoción que mostró su marido. Estaba tan acongojada y llena de pena por sus sentimientos, que los ocultó a todo mundo y fingió ser una feliz mujer embarazada. A pesar de que tuvo algunos momentos pasajeros de felicidad estando embarazada, cuando por fin nació su hija su primer pensamiento fue: "¿Qué voy a hacer con ella? En realidad no la quiero".

A Lydia le aterraba lo lúgubre de sus propios pensamientos. Lloraba llena de vergüenza y decía: "Nunca me voy a perdonar por sentir esto". Al hablarme de su recuerdo se dio cuenta de que en aquel tiempo su cuerpo se convirtió en el enemigo. Y luego recordó con mayor detalle lo frívola y descuidada que fue con los chicos cuando era joven. Les permitía cruzar los límites y hacerle cosas que, finalmente, ocasionaron que se terminara embarazando a pesar de no estar preparada en absoluto para ello. Le pedí a Lydia escribir una carta de perdón a esa joven y asustada parte de sí misma.

Mi querida niña dulce, bella y amorosa,
Desde el fondo de mi corazón te digo que lamento haberte las-

timado. Siento mucho no haberte escuchado, no haberte abrazado cuando estabas tan asustada y sola. Lamento haberte abandonado tan pronto en la vida y permitir que ingresaran a tu cuerpo, alma y espíritu, toxinas emocionales y físicas. Tú me pediste que te protegiera y confiara en que Dios siempre estaría ahí, pero yo te di la espalda debido a mis propias creencias y miedos.

Mi amor, me siento terrible por la forma en que permití que los muchachos y los hombres trataran tu cuerpo. Eres un ángel divino y yo permití que te usaran como parque de diversiones. Lo siento muchísimo. Permití que nos embarazaran y siempre he vivido arrepentida desde entonces.

Lamento haberte abandonado, a ti, a Dios y a mí misma.

Siento mucho haberte ignorado cuando gritaste con fuerza para tratar de impedir que yo tomara una decisión que no nos convenía. Fue como pasar por la vida con los oídos y los ojos cerrados. Tenía demasiados conflictos y confusión. Pensé que había pecado, y a pesar de ello, Dios no aparecía. Por eso finalmente me di por vencida y pensé que ya no importaba lo que hiciera ni cómo me tratara a mí misma. Lamento haberme reído y burlado. Me siento muy mal por no hacerte sentir amada y segura de ti. Quiero que sepas que sí importa, que tú importas y podemos hacer una gran diferencia de amor.

Te escribo hoy para decirte lo arrepentida que estoy y pedirte que me perdones. Eres un alma divina y te suplico que lo hagas desde un lugar de amor y humildad.

Te amo. Por favor perdóname. Gracias, alma bendita.

Lydia

Cuando Lydia terminó de leer su carta en voz alta, fue como si hubiera bajado diez kilos de golpe. Tras abrir su corazón a esa parte de ella que albergaba las heridas del pasado, y así de sorprendente como siempre me ha parecido el proceso, aquella mujer se comprometió a bajar el peso que le sobraba; pero, lo más importante es que, de repente, también sintió un profundo y abrumador amor por su hija, a quien siempre había mantenido a distancia. Desde entonces pudo abrazarla como nunca antes y mirarla a los ojos con la certeza de que no había malicia en su corazón. Comenzó a dar largos paseos y a conversar con su hija como jamás lo habría imaginado. Lydia ahora tenía mucha confianza, era una madre amorosa y atenta. Además tuvo el valor de dejar atrás el pasado para convertirse en una poderosa madre guerrera llena de gozo.

Les pedí a las otras estudiantes del grupo escribir cartas de perdón dirigidas a su niña interior. En ellas debían ofrecer disculpas por ignorarlas y minimizar su valor.

Renata estaba trabajando en perfeccionarse; trataba de encontrar el valor suficiente para hacerse visible, dar un paso al frente y "hacerse de algo de espacio". Esto es lo que le dijo a su niña interior.

Querida pequeña,

Ya pasó medio siglo. Gastaste demasiado tiempo y energía tan sólo para tratar de ponerte a la altura. Me siento increíblemente arrepentida de haberte abandonado y de hacer que te sintieras poco valiosa... Como si no importaras... Como si no tuvieras nada valioso que aportar... Como si no valieras lo suficiente para ocupar un lugar en el mundo. Siento mucho haberte animado a ser complaciente, a fingir y tratar de probar algo todo el tiempo, a ser la niñita perfecta. Ahora te veo cansada y sé que sólo deseas "ser" y dejar de "hacer".

Cariño, siento mucho no haberte recordado todos los días lo mucho que vales. ¡Siento no haberte asegurado que eres invaluable! ¿Cuántas veces has escuchado el siguiente mensaje? "No tienes que añadir nada, no tienes que quitar nada". Pero seguramente yo nunca permití que llegara y echara raíces en tu corazón.

También lamento haber dado la espalda a tus heridas. Subestimé, soslayé, negué y desacredité tu dolor. Fui incapaz de tomar en cuenta tus necesidades, anhelos y deseos. Te acallé sin piedad por miedo a que cualquier tipo de "verdad auténtica" saliera de tus labios y la gente se enterara de cuánto sufríamos ambas.

Lamento haber creado una fachada. Siento la falta de compasión y empatía que tuve hacia ti. Haberte maltratado cada vez que cometías un error. Lamento haber abatido tu espíritu cuando hacías preguntas "estúpidas". Siento haberte lastimado por ser humana, por tener necesidades, por no ser perfecta en todos los aspectos. Por favor perdóname. Estoy arrepentida.

Tú te esforzaste mucho por complacerme y yo sólo te traté con rudeza y crueldad. No escuché tus súplicas; permití que sufrieras y luego te maltraté por llorar. Tomé lo mejor de ti y lo hice pedazos... sin piedad alguna.

Mereces mucho más que esto. Eres una persona magnífica y con gran corazón. ¡Le das tanta luz al mundo! Tengo la firme intención de permitirte cometer errores de ahora en adelante. Puedes llorar, estar triste, ser normal ¡o incluso mediocre si ése es el objetivo del día! Te daré permiso de quedarte corta, de caer, de expresar que estás lastimada y de pedir el amor y el apoyo que necesitas y mereces.

Prometo que, de ahora en adelante, te tomaré en cuenta. Te escucharé. Cuando me despierte por las mañanas me daré cinco minutos y te invitaré a salir de atrás del "árbol de la fuerza". Escucharé tu maravillosa sabiduría, me esforzaré por celebrar tu ternura, y lo haré con la amabilidad y compasión que tanto mereces. Lo haré durante todo el día.

¡Sí, lo mereces! ¡De verdad lo mereces! Y si llego a fallar, por favor, haz todo lo necesario para recordarme esta promesa. En este momento renuncio al derecho a callarte.

Ahora quiero escucharte cantar, cantar porque, ¡sabes que mereces ser escuchada! Ahora podremos salir con los brazos abiertos y una gran sonrisa en el rostro, podremos sentir que hemos dejado el pasado atrás y estamos orgullosas de ser quienes somos.

Te quiere,
Renata

Evelyn acababa de atravesar por otro terrible rompimiento y su dolor era demasiado intenso. Se culpaba a sí misma por todos los errores cometidos y por lo que ahora parecía una pésima decisión: involucrarse con un hombre al que realmente no conocía.

Querida niña perfecta, dulce y amorosa,

Mis palabras jamás podrán expresar lo mucho que lamento haberte dejado sola; haberte abandonado y lastimado durante años. A pesar de tu dulzura e inocencia, te he culpado de todas las cosas que me pasaron en la vida, que no salieron como esperaba o no pude controlar. Tú sufriste por asuntos que no tenían relación contigo y lidiaste con el dolor y los problemas de otras personas a pesar de que a los niños no se les debe obligar nunca a hacer algo así. Te responsabilicé de los desacuerdos de mis padres y de todos los errores que cometí. No quise escuchar cuando me dijiste a gritos qué debería hacer. Te encerré en un clóset y te ignoré. Lo siento mucho, tú eres mi mejor amiga y yo no te correspondí. Perdóname por favor. Te prometo que estaré ahí para ti siempre y escucharé con atención lo que necesites de mí para dártelo de inmediato.

Te amo y te bendigo. Estoy muy emocionada de poder comenzar de nuevo contigo. Sé que juntas tendremos el valor para avanzar con vigor hacia el futuro.

Te quiere,
Evelyn

Después de que todas leyeron sus cartas en voz alta, se hizo evidente que la sinceridad de las disculpas abrió sus corazones y les permitió sentir el intenso amor que albergaban dentro de sí. Las palabras "Lo siento", fueron la llave con la que se abrió la puerta al perdón genuino. "Lo siento, te quiero, y perdóname por favor". Y de esa manera, se produjo una explosión de amor en los corazones de todas. Cuando les pregunté qué se dirían a sí mismas para remplazar los pensamientos negativos, esto fue lo que me dijeron:

Ámate por todo lo bueno que le das al mundo.
Ámate por esforzarte tanto por ser una mejor persona.
Ámate por todo lo que le obsequias a los demás.
Ámate por todo lo que has hecho bien.
Ámate porque no hay en el mundo nadie como tú.
Ámate por todo el valor y la confianza que se requieren para
   realizar el trabajo interno.
Ámate por todas las maneras en que te haces cargo de ti misma.
Enorgullécete de lo que hiciste, no de lo que no has hecho.
Acéptate de manera totalmente incondicional.

Cuando el amor propio te embarga, entonces tienes valor para lidiar con tus temores más profundos y hacer lo necesario para triunfar en las tareas que te propones. El amor propio te abre a lo bueno que hay en ti, a lo que proviene de las circunstancias de tu mundo exterior, no de los logros y halagos de tu ego. Proviene del centro de tu ser. Este amor te da la capacidad de observarte a través de una mirada divina, de ver en ti la perfección; en ese momento todo fluye y funciona bien. Hablo de la perfección sagrada, de estar y saberte tan conectada a lo Divino, que entiendes hay un plan que te ayuda a transformarte en la guerrera divina cuyo amor por sí misma y los otros no conoce fronteras.

EL PROCESO DEL CORAZÓN AMOROSO

Enciende una vela, abre tu diario, respira hondo y prepárate para alcanzar un nuevo nivel de honestidad amorosa.

1. **Escucha a hurtadillas tu diálogo negativo:** Sintonízate con tu diálogo interior para identificar los comentarios negativos sobre ti misma. Haz una lista de lo que dice sobre ti la Voz del Odio a ti misma. ¿Qué es lo que te criticas? ¿De qué te culpas?

2. **El alto costo de odiarse:** Haz una lista del costo y de las consecuencias de escuchar este diálogo. ¿De qué manera te despoja del coraje y la confianza?

3. **El poder puro de la expiación:** Escribe una carta en la que ofrezcas una sentida disculpa a la niña que vive en ti. Señala cuestiones específicas que lamentes haberle hecho o dicho. Deja que las palabras "lo siento", sean tu guía.

4. **Dosis diarias de vínculos de amor:** Inicia la práctica diaria de visitar a esa niña herida dentro de ti. Tómate tiempo para atenderla y decirle, "Lo lamento" en caso de que haya sido ignorada o lastimada de alguna manera en el día.

5. **La conversación contigo misma te hará sanar:** Haz una lista de todo lo positivo que puedes decirte diariamente para incrementar tu coraje, confianza y amor propio, y remplazar los comentarios negativos.

6. **Tu Lista de Clausura:** Haz una Lista de Clausura en la que incluyas todos los asuntos que necesitas atender o solucionar para dejar atrás el pasado.

7. **Haz lo necesario para liberar a tu corazón:** Usando la Lista de Clausura como punto de partida, da los pasos necesarios para dejar el pasado atrás y liberar a esa valiente y confiada fuerza que eres.

Activación del coraje

Piensa en tres personas con las que necesites reconciliarte y, con un sincero correo electrónico o una llamada, ofréceles disculpas y envíales tu amor. Reconciliarse cuando tienes miedo te puede dar más valor del que crees posible.

Construcción de la confianza

Haz una revisión de todos los proyectos en que estás involucrada pero sabes que no debiste aceptar en esos términos.
Comunícate con la gente de por lo menos uno de ellos para
hacerle saber que no participarás en este momento. Esto te
dará la certeza de que puedes expresar tu verdad.

Bonus de coraje y confianza

Haz una lista de siete ocasiones de reconciliación en el pasado con gente que te hirió de alguna manera.

El código de la visión inspirada

Imagina que todas las mañanas te despiertas con una emoción y pasión que no has sentido en años. Imagina que durante el día disfrutas de cada momento, te sientes satisfecha y útil; tienes todo el coraje y confianza para conquistar el mundo.

La guerrera del amor ilumina cualquier lugar al que llega. Sus ojos brillan con amor, compasión y con el fulgor de saber que la vida es un obsequio portentoso. Ella sabe que lleva una marca divina de la que surgen el propósito y plan de su vida. Su valor y su confianza provienen de este conocimiento. Su fuerza revela sus aspectos más hermosos y vulnerables. La guerrera está emocionada y feliz porque es parte de este universo. Está decidida a ser una gran persona, y su visión es única y original.

La valerosa guerrera nunca olvida que cumplir sus sueños es un logro temerario, genial, mágico y poderoso. Con su hermosa y lúcida visión contempla de manera directa el corazón de la vida y lo ama con intensidad transformadora. Ama cada una de las células de su cuerpo, cada parte de su conciencia humana; toma en cuenta su historia y se asombra ante ella, acepta al mundo y a sus habitantes, y los aprecia grandemente. Tiene la capacidad de abrir los brazos y recibir todo lo que existe. La fulgurante fuerza que de ella proviene es en realidad la unión de la imaginación y la creatividad. Está vinculada a la fuerza divina, a la hermosa fuente que se comunica a través de ella y puede ver un futuro más grande del que abarcan sus ojos. Con la imaginación se abre y observa al mundo con una nueva mirada, la mirada de la valiente y confiada guerrera del amor. Ella sabe que toda la creatividad proviene de la mente de Dios. No necesita controlar por completo la vida porque prefiere trabajar en colaboración con la fuerza creativa del universo. Eso es lo que somos, eso es lo que eres. Es la guerrera del amor.

Tener una visión inspirada siempre te permitirá moverte y avanzar. Si confías en el universo, participarás en el mágico mundo del plan de Dios. Así que ha llegado el momento de usar tu coraje y tu confianza para desencadenar la imaginación. Es hora de permitirte externar tu visión. La visión es algo más que una lista escrita en las páginas de tu diario, y en la que se enumeran tus objetivos para los próximos dos a cinco años. E incluso es mucho más que el futuro que anhelas cada vez que hablas con tus mejores amigas o colegas. Todas esas cosas son increíblemente importantes y valiosas de manera independiente, pero lo crucial es entender que la visión inspirada es una fuerza viva y dinámica con el poder de moverte de donde estás hoy, hacia el lugar a donde tu corazón anhela llegar.

Pero claro, éstas son sólo palabras. Porque no es nada fácil hacer que la gente se ponga en acción. Al nivel imaginativo, la visión inspirada puede atraer tu atención, alejarla del pasado y hacer que te emociones por vivir en el ahora. Tiene el poder de despertarte del trance en que caíste por pensar todo el tiempo en los viejos miedos, heridas y arrepentimientos, y colocarte en una posición que te permita reflexionar por qué estás aquí.

Para vivir la emoción de tu expresión más sublime y trascender la vida que llevas ahora, debes comprometerte con la visión inspirada que te exige ser la mejor y la mayor "tú" que puedas. Al imbuirte de manera profunda en una visión atractiva, lúcida y sólida, experimentas cualquier nivel de gozo y celebración. Y entonces tendrás el coraje y la confianza para vivir tu visión. Estoy completamente segura de ello porque he sido testigo de que el milagro se presenta, una y otra vez, cuando las mujeres apasionadas hacen un compromiso y lo cumplen: no permitir que los problemas familiares y los obstáculos nos impidan cumplir nuestros sueños; de esta manera se anula la posibilidad de conformarnos por miedo y baja autoestima.

Una visión sólida y clara tiene el poder de trascender a tu realidad actual, de superar los desafíos cotidianos que te tienen estancada. La visión inspirada o divina actúa como una fuerza que te saca de la tragedia y de la predictibilidad de la vida diaria y te brinda el apoyo necesario para tomar decisiones extraordinarias.

Estas nuevas decisiones pueden liberar tu pasión, y recuerda que la visión y la pasión son los dos lados de la moneda. Uno no puede existir sin el otro. En cuanto atiendas el llamado de tu visión, desaparecerán las viejas y cansadas voces del cinismo y la resignación. El coro interior de esperanza, entusiasmo, optimismo y pasión, logrará abrumarlas.

La visión te engrandece. Te hace sonreír discretamente porque sabes que tienes algo muy especial que compartir. Si quieres establecer un vínculo profundo con tus hermanas guerreras del mundo, entonces déjanos saber lo que te apasiona y lo que más te importa; comparte tu visión. El nivel de dificultad aumenta cuando deslizas la cortina y tus sueños se hacen visibles para todos. Te aseguro que una de las razones de que estés aquí como guerrera visionaria, es para dirigir nuestra mirada colectiva a cosas que nunca antes tomamos en cuenta.

Para seguir el camino de la visión inspirada permite que la intuición te atraiga hacia algo distinto a lo que conoces o puedes ver ahora. Si eres suficientemente humilde para actuar como mensajera, como instrumento de lo Divino, entonces te será fácil ver que tu visión te elige a ti y tú puedes aceptarla o no.

Me encanta mirar los ojos de gente inspirada por una visión mucho más grande que ella. En el estanque transparente que son los ojos, veo mundos nuevos que me corresponden. Una noche, una amiga me invitó a cenar con alguien a quien yo no conocía muy bien. Se trataba de la madre de uno de los amigos de mi hijo. Las tres nos sentamos en un tranquilo gabinete de nuestro restaurante preferido. Margie, la madre del amigo de mi hijo, se sentó frente a mí. Su sonrisa me emocionó y me dio gran alegría. Me di cuenta de que a esa mujer la iluminaba algo. Comenzamos a hablar y a conocernos, y luego Margie me preguntó cómo escribí un libro y me convertí en maestra. Luego, ella me contó su propia e inspiradora historia.

Desde muy pequeña, a Margie le fascinó e intrigó el ámbito militar. No conocía a ningún soldado, de manera indirecta o por una tercera persona. Sin embargo, cuando en la escuela le mencionaron al ejército, su curiosidad se despertó y quiso saber más acerca de cómo funcionaba y qué gente se integraba a él, particularmente en tiempo de guerra. A pesar de ser una jovencita, en su corazón experimentó un profundo deseo de tocar las vidas de aquellos hombres y mujeres comprometidos en pelear por nuestro país. A medida que me contaba su historia, sus ojos brillaban más y más, y noté que había pasión en cada una de sus palabras. Me contó que cuando realizó su entrenamiento para ser psicoterapeuta, imaginaba que ayudaba a aquellas personas, a pesar de no tener idea aún de cómo lo iba a hacer.

También me contó sobre el primer contrato que firmó con el ejército. Era para un empleo de cinco semanas en una escuela de verano en una base militar alemana. Las prestaciones de su puesto la sorprendieron mucho, ya que incluían un departamento de dos recámaras, pago por día y un BMW a su entera disposición. Se sentía como princesa pero también le incomodaba el desperdicio de recursos y del dinero de los contribuyentes. Al siguiente verano trabajó en un campamento de verano en Italia para niños de soldados desplegados en esa zona.

Luego obtuvo un contrato de seis semanas como consejera en una base militar de San Diego. El centro de asesoría no contaba con la simpatía de los soldados porque ahí los enviaban forzosamente para recibir tratamiento psicológico, y cualquier cosa se registraba de manera permanente en sus historiales. Margie no tenía mucho que hacer y le pidieron reorganizar la bodega, hacer un inventario de los suministros de la oficina y limpiar los armarios. Algunos días antes de que su contrato se venciera, entró con sigilo a la base para conocer a quienes había ido a servir con tanta ilusión. Algunos de los amigos que hizo ahí, la invitaron a dirigir un grupo que ayudara a los instructores de ejercicios a manejar el estrés. Margie se sintió emocionada y feliz de poder hacer algo diferente. Su contrato se extendió y ella desarrolló un programa extremadamente exitoso y efectivo. La noticia se divulgó en la base y empezó a organizar más grupos en otras divisiones. La emoción aumentaba cada día. Los soldados continuaron solicitando sus servicios y ella permaneció en la base más de un año.

Por desgracia los altos mandos no compartían el entusiasmo de los soldados, y un día notificaron a Margie que debía abandonar la base. A pesar de que no le ofrecieron una explicación, creía que la despidieron por no documentar su trabajo, no hacer los trámites necesarios y desafiar los protocolos militares.

No obstante, ahora que estaba totalmente absorta en su visión, no dejaría que nada la detuviera. Consultó a asesores del sistema de salud mental del ejército. Fue a Washington, D. C. para cabildear sobre la importancia del cuidado preventivo de salud mental en el ejército. De pronto, un grupo de representantes políticos con los que viajó por Israel unos años antes, se convirtió en la invaluable infraestructura para sus esfuerzos. (Recuerdo que un día, en su página de Facebook, vi el siguiente aviso: "Me voy a D. C. Tengo reuniones continuas con los congresistas. Llevo tres trajes, seis pares de zapatos y un *brassiere* negro de encaje porque estoy dispuesta a hacer cualquier cosa con tal de captar su atención".)

Después de aquella cena, Margie siguió comunicándose con frecuencia. Le sugerí que escribiera su historia y publicara un libro. A pesar de que no podía escribir y ni siquiera sabría por dónde comenzar, confrontó su miedo y permitió que su coraje y la visión divina la guiaran. Ella era una guerrera y nada la detendría; decidió que no iba a esperar a que la gente la buscara a ella, por lo que les envió, a más de sesenta editores, su propuesta del libro por correo electrónico. A la mañana siguiente recibió seis respuestas. A medida que se internó más y más en su visión, el universo salió a su encuentro. Por supuesto, se presentaron varios obstáculos en el camino; la gente cuestionó sus antecedentes porque sólo tenía maestría y no había estudiado un doctorado, y luego su credibilidad porque era civil, no militar. Sin embargo, ella no permitió que nada la desviara en el cumplimiento de su visión divina.

Cuando le pregunté por qué no prefirió sólo regresar a dar consulta tras su despido de la base y qué la mantuvo animada, me dijo que ya no podía volver a verse en el espejo por las noches si no ayudaba a aquellas personas. Sabía que a los hombres y mujeres que juraban protegernos a nosotros y a nuestra libertad, los estaban despojando de las herramientas y del apoyo necesarios para emprender una misión tan trascendente.

Margie me dijo que recordaba bien el día en que por primera vez pensó que sería una enorme carga y responsabilidad, después se convirtió en un don divino. Una vez tuvo una sesión de asesoría con un instructor de ejercicios de cuarenta y seis años. De pronto el hombre se vino abajo, comenzó a llorar y se sujetó la cabeza entre las manos. "Tiene que ayudarnos", le dijo a Margie. "No puede detenerse". Cada vez que empieza a titubear, a preguntarse, "¿Y qué hay para mí en todo esto? ¿Por qué lo estoy haciendo?", inevitablemente recibe la llamada de un miembro del ejército que necesita su apoyo, de un asesor que trata de cambiar la vida en medio de un sistema fragmentado, un reportero que quiere escribir un artículo, o del asistente de un senador que quiere saber más sobre su proyecto.

Cuando converso con Margie me siento inspirada por su visión. En este tiempo he visto a la gente reunirse a su alrededor y apoyarla para hacer lo que apenas hace un año le parecía imposible.

Creo que nadie ha descrito el poder del compromiso con tanta elocuencia como W. H. Murray:

> *La duda, la oportunidad de echarse para atrás y la inefectividad prevalecen hasta que uno se compromete. Hay una verdad elemental en todo lo que tiene que ver con los actos de iniciativa (y creación), y si no se conoce esta verdad, incontables ideas y planes estupendos fenecen: en el momento que uno se compromete de manera definitiva, la Providencia también se mueve. De repente te ocurren toda suerte de cosas que, de otra manera, jamás habrían sucedido. A partir de que se toma la decisión, se produce toda una concatenación de sucesos que luego se despliegan a favor de uno, como si fueran una serie de incidentes imprevistos, reuniones o ayuda material. Es algo que nadie habría imaginado. Comienza a hacer cualquier cosa que quieras o sueñes. La temeridad conlleva genialidad, poder y magia.*

Cuando alguien se hace presente ante su visión, lo puede sentir en el cuerpo. El universo se alinea y ofrece todo tipo de recursos, vínculos y apoyo porque tiene cierta vibración que nos acerca a él y nos inspira. Nos hace querer ayudar. Sabemos que el trabajo es para algo mayor de lo que entenderíamos a través de nuestra simple conciencia.

La visión de cada persona es original, pero también puede cambiar según el momento que esté viviendo. Puede ser más discreta y personal durante algún tiempo, y luego crecer y expandirse hacia el exterior, hacia el mundo. Cuando una

mujer desea tener un bebé, finalmente se embaraza y su corazón se llena de gozo, siempre dan ganas de abrazarla y desearle
lo mejor. O cuando alguien se arriesga y cambia de empleo,
se siente el tremendo deseo de ser buen empleado. También
cuando una mujer decide hacerse cargo de su salud y pierde
treinta kilos, la animas y, si sigues de cerca su progreso, descubres que está llena de determinación y quiere demostrar-
le a sus hijos que puede hacerlo. Todo eso te hace sentir tan
inspirada que dan ganas de pertenecer al equipo de gente así.

Otra de mis inspiradoras amigas vino a pasar el fin de semana conmigo para celebrar el Día de Acción de Gracias. Daba
la impresión de que ambas estábamos en el mismo nivel porque teníamos varios logros en el mundo exterior pero todavía necesitábamos algo que nos animara: una nueva visión.
Claro, las dos habíamos cumplido muchos sueños, pero yo
me di cuenta de que, aunque Cynthia siempre era carismática y vivaz, ahora carecía de algo. Su fuego interior y la llama
de sus ojos estaban apagados y, además, me contó que estaba
insatisfecha aunque no sabía bien por qué. Entre más hablábamos, más aburrida la veía. Al final se quedó dormida en el
sofá y la cubrí con una frazada.

Pero justamente en ese momento llegó a visitarnos Vivian
Glyck, otra gran guerrera y fundadora de la Fundación Just
Like My Child. Mientras hablábamos de la escuela que mi
hijo estaba construyendo en Uganda como proyecto para su
bar mitzvah, Cynthia abrió de repente los ojos sorprendida.
Se sentó bien en el sofá y arrojó la frazada. A pesar de que estando dormida parecía muerta, en tan sólo dos segundos se
iluminó y la inspiración la invadió por completo. Nos dijo:
"¡Eso es!" Y luego pasó el resto del fin de semana planeando
cómo convertiría su fiesta de cumpleaños número cincuenta
en una reunión para recolectar fondos y construir escuelas en
África. De repente Cynthia vio las posibilidades que no había detectado antes. La red de líderes de transformación y los
maestros con quienes trabajo, de inmediato se convirtieron

en una red para brindarle apoyo. Cynthia descubrió que tenía contactos en muchos lugares y todos estarían encantados de asociarse con ella.

Dos años antes un amigo suyo la invitó a la Conferencia de Mujeres de zonas Rurales de África. Aunque ella creía que no tenía ninguna razón para asistir, y el hecho en sí no tenía lógica en su mente, el corazón le indicó que debía asistir. Por eso reacomodó su agenda y realizó el viaje. Al final Cynthia estaba muy inspirada por ayudar a las mujeres africanas y a sus hijos en sus esfuerzos por salir de la pobreza a través de la educación, pero no sabía cómo hacerlo. Ahora, dos años después, dio el primer paso: en su fiesta de cumpleaños logró recolectar ochenta mil dólares.

Mi amiga se alegró muchísimo de vivir y cumplir sus objetivos, pero también debía dirigir un negocio de tiempo completo. Una parte de ella le decía, "Me encantaría dedicarme a esto profesionalmente"; de inmediato irrumpía otra voz, "¿Pero cómo podrías? Eres soltera, necesitas hacer dinero". Cynthia no encontraba la manera de convertir su pasión en una carrera, y por eso, decidió conservar su negocio. De vez en cuando trataba de reunir el coraje suficiente para dar el gran salto, y siempre se interponía algo como un gasto inesperado o un revés en la economía. Incluso cuando volvió a sentirse inspirada y le emocionó trabajar en su fundación, se mantuvo en la zona de quietud que le brindaba su exitoso negocio, y pensaba, "¿Quién me pagaría por enseñarles a otros a dar? ¿Quién va a apoyar causas en medio de esta economía?"

Cynthia viajó a África de nuevo para ver los resultados del trabajo hecho con las donaciones de su cumpleaños, y cuando volvió a casa, estaba completamente conectada con su visión: inspirada, emocionada, llena de gozo y fuerza porque sabía que anhelaba trabajar en África. Cada uno de los niños que conoció allá le ayudó a ver que tenía que convertirse en la versión más grande y brillante de sí misma, sumergirse de lleno en su visión porque, si ella no lo hacía, ¿entonces quién?

Cuando regresó de África era el momento de vender su siguiente ronda de programas de entrenamiento corporativo. Lo sabía bien, pero se negaba a hacerlo. A veces me llamaba y me hablaba de su renuencia pero, por otra parte, algo le decía "¡Tienes que cumplir con tus obligaciones!" Cynthia se sentaba todos los días frente al escritorio para dirigir su negocio, pero se sentía estancada, aburrida, frustrada y sin inspiración. No creía tener una alternativa. "No puedo dejar mi negocio así nada más", se dijo. "Se vendría abajo".

Pero una vocecita en su interior no dejaba de molestarla, "Tal vez éste es el momento. ¿Por qué no te dedicas de tiempo completo a la fundación?" Su temor a no sobrevivir económicamente, acalló la vocecita una y otra vez. Una noche, Cynthia se forzó a permanecer despierta y escribir el plan de marquetin de su nuevo programa, labor que había estado evitando. Luego, tras varias horas de trabajo y cuando tuvo un plan que le satisfacía, su computadora colapsó y se perdió todo el documento que acababa de escribir. Después de obligarse a trabajar y soportar todo el proceso, ahora sólo tenía enfrente una pantalla en blanco. Terminó yéndose a dormir completamente frustrada.

A las tres de la mañana se despertó, la ansiedad le recorría todo el cuerpo. Escuchó otra vez la vocecita: "Cynthia, ¿por qué no te dedicas de tiempo completo a la fundación?" Esta vez, exhausta, decidió ceder; dejó de resistirse. No hizo nada especial, sólo permaneció ahí. Más tarde, cuando salió a trabajar, la voz regresó, y ella le permitió quedarse ahí. Entre más la escuchaba, más sentía que existía una opción. Algo comenzó a cambiar dentro de ella. Su visión la empezó a atraer y Cynthia ya no pudo resistirse ni decir "no".

Cuando tomó la decisión de dedicarse de tiempo completo a la fundación, en el sagrado momento que comprendió no podía postergarlo, entonces actuó por fin. Llamó a su asistente, a su socio de negocios y al de mercadeo, y les dijo que iba a cerrar la empresa. Asombrada por la fuerza que adquirieron su coraje y su confianza con tan sólo ignorar la Voz del Miedo, Cynthia por fin se sintió en paz total.

Se comprometió a llamar a tres personas cada día para involucrarlas y que la apoyaran en la siguiente campaña de recolección de fondos. Después de la segunda llamada, de pronto encontró a un patrocinador para todo el proyecto. En ese momento Cynthia supo que ya tenía lo que necesitaba: si reunía coraje y era capaz de decir sí con todo su ser, Dios iba a satisfacer todas sus necesidades. Con ese pleno y valiente sí, Cynthia se sumergió en un lugar de creación gozosa. Ya no tuvo que batallar, agonizar ni esforzarse para que las cosas funcionaran. Con la plenitud de su sí, atrajo a la gente y los recursos necesarios para su visión divina; sin embargo, su proceso aún no ha terminado.

Debido a que Cynthia se plantó bien en su papel de valerosa guerrera del amor; gracias a su cariño por los niños africanos, por la humanidad y el universo mismo, y a que respetó el compromiso que hizo con su visión divina, la fundación construyó veintidós primarias, un salón para secundaria y dos dormitorios. Asimismo, 5 169 personas tienen ahora agua potable, 7 169, acceso a servicios de salud, 225 adultos recibieron entrenamiento que les permitirá obtener ingresos, y 66 mujeres consiguieron becas. Por si fuera poco, Cynthia conoció al amor de su vida.

Si Magie o Cynthia hubieran escuchado a la Voz del Miedo, tal vez ahora llevarían vidas bastante cómodas pero se habrían perdido de la pasión y del objetivo que las impulsó a ellas y a quienes las rodeaban, además de ayudar gente alrededor del mundo. Nuestra visión inspirada debe ser suficientemente grande para vencer a la mente, al ego y a los miedos que surgen de manera natural. Debemos aprender a identificar estas voces como parte del pasado para continuar creyendo en la visión y no en las limitaciones.

A lo largo de los años he visto a mucha gente que identifica su visión y trabaja en ella durante unos meses, pero luego se distrae o desilusiona si las cosas no salen como esperaba. Entonces se dedican a algo más y adoptan una visión nueva. Recuerda que el hecho de que la visión sea divina, no significa que será fácil realizarla. Habrá muchos altibajos y obstáculos, pero también será un viaje muy hermoso si permanecemos en el lugar de mensajeras divinas que nos tocó ocupar, y si nos damos la oportunidad de convertirnos en el medio para cumplir un propósito.

Es esencial que nos abramos de manera permanente y nos dirijamos hacia donde el universo nos quiere llevar. No nos corresponde evaluar el mérito de la visión ni juzgar su importancia, nuestra única labor es recibirla y actuar con ella.

En varias ocasiones he escrito acerca del día en que mi visión llegó de golpe. Estaba sentada frente al Centro Comercial Aventura al norte de Miami Beach, donde tenía una tienda de ropa llamada Mile High. Después de salir del cuarto centro de rehabilitación me sentía demasiado confundida y aburrida en la vida. No podía imaginarme cómo iba a vivir sin drogas o algún otro incentivo que me hiciera sentir bien, pero aquel día, de pronto, frente a un semáforo en alto, sufrí un golpe emocional: me di cuenta de que podía marcar la diferencia para otras personas que habían pasado por el mismo tipo de problemas que yo. No fue una idea trivial, más bien fue como si un relámpago o fuegos artificiales me atravesaran de pronto. "¡Guau! ¡Puedo escribir un libro! ¡Ahora tengo algo que compartir!"

De repente todo aquello a lo que me sentía apegada, es decir, la moda, vivir en Florida, asistir todos los días a reuniones de los doce pasos, etcétera, se desvaneció, y una chispa dentro de mí se encendió. Esa chispa rara vez me ha abandonado desde entonces. Comencé a buscar escuelas, identificar qué quería estudiar. Después de tomar muchas clases tradicionales de psicología, me quedó claro que deseaba seguir el tan inspirado camino del aprendizaje. Las enseñanzas que necesitaba tenían características muy especiales porque en ellas se fundían la psicología y los estudios de la conciencia. El único lugar donde podría obtener un diploma de ese tipo, era la Universidad John F. Kennedy, en Orinda, California. Le dije a mi socio de negocios que quería deshacerme de la tienda. Entonces la vendí, junto con todas mis pertenecías, me mudé al norte de California, y tomé todos los cursos de conciencia, psicología transpersonal y redacción que ofrecía la universidad. Escribí y escribí. Aprendí nuevas herramientas y técnicas y mi visión cada vez fue más amplia y hermosa.

Estuve a punto de desviarme cuando me casé y embaracé de Beau, mi hijo; sin embargo, un año después volví al camino y escribí mi primer *best-seller*, *The Dark Side of the Light Chasers: Reclaiming Your Power, Creativity, Brilliance and Dreams*. Entonces todo se alineó. Mi hermana, quien conocía bien a Deepak Chopra, le mostró mi trabajo y, en muy poco tiempo formé parte del Chopra Center, enfocado en el tipo de trabajo integral con emociones para el que yo parecía haber nacido. Después de una gira como oradora, fui invitada a tres programas de Oprah Winfrey con los que mi libro se disparó hasta el número uno de la lista de *best-sellers* del *New York Times*.

Mi segunda visión divina fue escribir un libro llamado *Divorcio espiritual*, pero cuando dicha visión me llegó, yo quería ocultar la cabeza bajo las cobijas porque lo que en realidad deseaba era escribir un libro que se llamara *Cómo matar a mi esposo y salirme con la mía*. (Y para que lo sepan, escribir *Divorcio espiritual* fue lo único que pudo ayudarme a superar el otro título. También debo agregar que fui extremadamente bendecida, sin duda alguna por el universo, porque ahora tengo al mejor ex esposo que pudiera desear, y al mejor padre posible para mi hijo.) Como estaba tan comprometida a que todo mundo tuviera la oportunidad de entender el punto débil de la humanidad (lo cual me llevó al siguiente nivel de mi propia salud mental y libertad emocional), creé el Instituto Ford de Entrenamiento para la Transformación.

El objetivo era enseñar a entrenadores, ejecutivos y gente de negocios de todo el mundo a transformar sus propias vidas y ayudar a otros a cambiar las suyas. Desde entonces he escrito seis libros más, y también produje un documental llamado *El secreto de la sombra*.

Cada vez que me pongo de pie y ofrezco una conferencia para gente que no tiene idea de que el dolor emocional afecta la vida entera y nos impide reconocer la visión divina, la luz brilla en mis ojos, mi sonrisa se extiende más allá de mi cuerpo, el corazón se me abre más que nunca antes, y yo le agradezco a Dios que me use para una misión mayor. A pesar de que en muchas ocasiones las cosas no han sido fáciles y he tratado de echarme para atrás (sin importar lo mucho que deseo compartir mi visión porque ésta nunca deja de exigírmelo), la voz con inspiración divina que viene del cielo me susurra al oído: "Es hora de trabajar en esto"; o: "Es hora de escribir sobre aquello"; o: "Es tiempo de tener una nueva conversación en el mundo". Y yo sólo doy un paso a la vez. Muy a menudo no sé qué viene, pero me queda claro que estoy mucho más comprometida con la voluntad de Dios que con la mía. Cuando el público en mis conferencias me pregunta, "¿Y cómo lo haces?", siempre respondo: "Soy muy buena para obedecer órdenes. Escucho con atención y hago lo que me dicen". ¿A quienes me refiero? Realmente no lo sé, pero esas voces me han guiado, han sido mi fuente, me han quitado lo débil, temerosa y cobarde, y me han ayudado a ser valiente y tener confianza en mí misma.

Tú tienes una visión ahora mismo, igual que yo. Tal vez todavía no la reconoces, quizá se encuentra en tu interior y se agita con suavidad bajo la superficie, pero en poco tiempo saldrá a la luz. Porque aunque las nubes tapan al sol o la noche lo oculta, siempre está ahí para regodearse en su luz dorada. Tu visión es un obsequio precioso que te envía lo Divino.

Si tu visión todavía no se presenta, comienza con lo que tú amas. Ten por seguro que lo Divino impulsa todas las cosas que te inspiran, emocionan y motivan en la vida. No hay nada que en verdad desees y no puedas lograr. Puedes usar tu visión para volverte valiente, confiada y temeraria todos los días, mientras rezas para que alguien aproveche esas cualidades. Todas las mañanas y las noches piensa que eres capaz de forjarte con gran intensidad un futuro, defenderte con temeridad. Date cuenta de que eres una visión de tu propia fuerza, poder, valor y confianza. No trates de forzar la situación, tu visión ya está ahí.

En cuanto la reconozcas date la oportunidad de sentirla y vivirla plenamente. Si la visión te hace sentir orgullosa, serás capaz de dejar que el orgullo inunde tus células. Si te hace sentir viva, permite que esa sensación de vitalidad permee tu vida entera.

Debes identificar la visión, creer en ella, sentirla y expresarla con pasión allá fuera en el mundo. Tu universo entero cambia en cuanto encuentras tu visión. Y sólo entonces el mundo exterior coincide contigo y te guía. Las siguientes acciones a seguir te serán reveladas, y el universo moverá cielo y tierra para apoyarte.

Para controlar el poder de una visión inspirada y divina, debes mantenerla en tu mente todos los días; levantarte por la mañana y preguntar: "¿Qué me interesa más y me permitirá servirme a mí misma y al mundo?" En la noche, antes de dormir, reafirma la visión otra vez como si le hicieras una plegaria al universo; la visión está impresa en tu mente consciente, así que deja que crezca con la ayuda de tu enfoque y atención. Continuará guiándote y atrayendo a todos los destinados a apoyarte. Por todo lo anterior, quienes se internan por completo en su visión quedan sorprendidos: la ven, la sienten y de pronto saben que puede existir *aun cuando ellos no estén al tanto*. En esta situación, la fe y la confianza son los aliados que te ayudan a entregarle tu visión al mundo.

Tú eres la valerosa guerrera del amor, posees dones únicos para ofrecerle al mundo. Lo Divino te los otorgó y ha llegado el momento de que los compartas. No hay nadie más como tú, posees una fuente de poder como nadie más. La luz saldrá desde tu interior y te ayudará a sanarte a ti y a quienes estén ante tu presencia. El mundo te necesita. Tu visión ofrece un sendero para que la luz del valor se extienda a todo lo ancho del mundo.

El proceso de la visión inspirada

Ve a uno de tus lugares favoritos para escribir y tómate unos instantes para respirar y relajarte. En cuanto entres en contacto contigo misma, levanta la pluma y embárcate en esta emocionante e inspiradora travesía con tu diario.

1. **Tu propósito divino:** Pídele a lo Divino que te muestre cómo quiere que lo uses para el bienestar de todo lo que hay. Incluso si piensas que ya lo sabes, date la oportunidad de ver y conocer el propósito a través de la mirada de la guerrera.
2. **Convoca al poder de tu imaginación:** Libera tu imaginación y creatividad. Déjate tener una visión del futuro en la que vivas apasionadamente tu propósito y transmitas todo el valor y la confianza posibles.
3. **Tus recursos divinos:** Haz una lista de los pasos que darías, la gente de la que te rodearías, y los recursos que necesitarías para continuar con tu visión divina.
4. **Acepta tu miedo:** Haz una lista de todo aquello que te causa miedo de vivir tu visión divina. Dale voz al temor y, mientras vayas haciendo la lista, envíale amor a ese aspecto de ti misma que el miedo debilita tanto.
5. **Preséntate ante tu visión:** Inicia alguna actividad o práctica sencilla que te permita presentarte ante tu visión todos los días.

Activación del coraje

Arriésgate y haz algo que siempre te haya dado temor, o de lo que hayas pensado, "Jamás haría algo así". Píntate el cabello, haz un viaje en globo aerostático, salta de un avión (pero por favor no te vayas a lastimar), canta karaoke. Dale la oportunidad a tu Yo temerario de salir esta semana y apoyarte en la activación de todo tu coraje.

Construcción de la confianza

Haz una lista de las razones por las que el mundo necesita que seas una valerosa guerrera, y de las formas en que aprovecharás tu fuerza y poder divinos en el futuro. Comparte la lista con cinco personas con las que te sientas cómoda y segura.

Bonus de coraje y confianza

Haz una lista de cinco ocasiones en que hayas ayudado a alguien más o servido al mundo.

El código de la belleza suprema

Era diciembre de 1972. Después de mostrar mi identificación falsa, entré al club más sofisticado de la ciudad de Nueva York. La música estaba a todo volumen; mis amigos y yo llegamos a la pista de baile para deleitarnos con la canción del momento:

Soy una mujer, escúchame rugir,
con demasiada fuerza para ser ignorada,
sé mucho para poder fingir.
Porque ya me lo han dicho antes,
y porque estoy aquí en la pista.
Nadie volverá a limitarme.

Oh sí, ahora sé mucho
pero todo es producto del dolor.
Pagué el precio
pero mira cuánto gané.
Si tengo que hacerlo,
puedo hacer cualquier cosa.
Soy fuerte (fuerte).
Soy invencible (invencible).
Soy mujer.

Sentía que mi cuerpo se iba llenando de poder, fuerza y emoción. La energía de cada palabra resonaba en mí. Alrededor, cientos de personas bailaban y las mujeres cantaban a todo pulmón, "Soy una mujer, escúchame rugir". Y yo no dejaba de pensar, "¡Sí! ¡Sí! ¡Sí!" Me sentía muy bien aquella noche; traía puesto uno de mis trajes favoritos: mallas de lycra de color morado, *top* de colores sin tirantes y sandalias cubiertas de piedras tornasoladas (te aseguro que entonces era la moda). Había pasado horas en el salón de belleza tratando de que mi lacio cabello cediera ante la permanente más de moda, y me había bronceado: era como una doble de Diana Ross. Pero claro, cantando la canción de Helen Reddy, "¡Puedo hacer cualquier cosa! Soy fuerte, Soy invencible. ¡Soy mujer!", me sentía en la cima del mundo.

En el fondo sabía que muchas mujeres realmente llenaban el perfil que describía la letra de la canción, pero todavía tenía dudas sobre mí. Me asustaba pensar que de verdad pudiera hacer cualquier cosa porque lo había intentado muchas veces y fracasé. Sin embargo, la idea de sentir ese poder y valentía todos los días, me emocionaba sobremanera. Siempre había querido confiar en mí misma, e incluso desde entonces sabía que en algún momento dejaría las delicadezas y enfrentaría aquellas conversaciones internas que me hacían sentir "menos valiosa". Esa noche volví al departamento de mi amiga pensando en algunas alumnas que iban a mi escuela y en varias mujeres que había conocido en el camino, hacia quienes me sentía atraída porque manaban su propia luz y fuerza. Me fui quedando dormida, y entonces me vi en la preparatoria con mi amiga Mary.

Cuando Mary y yo volvíamos a casa de la escuela, ella siempre se ponía las zapatillas de ballet, caminaba de puntas y practicaba sus piruetas más elegantes y llenas de gracia. Caminaba con garbo y su postura era perfecta. Además tenía una actitud muy divertida, siempre estaba riendo, sonriendo y girando por ahí. Aunque nunca se lo dije, me daba mucha envidia lo bien que parecía sentirse respecto a sí misma. Era toda una experta en convertir sus errores en aciertos y digerir de inmediato cualquier rechazo. Yo deseaba ese nivel de confianza y paz interior, y aquella noche, tras gozar de la música disco, me fui a dormir decidida a obtenerlo.

Al día siguiente desperté preguntándome qué persona se levantaría sintiéndose confiada, valerosa y suficientemente fuerte para saltar de gozo todos los días y asumir que era capaz de cualquier cosa. Mientras me preparaba el desayuno recordé algo que sucedió al cuarto día de mi tratamiento en el centro de rehabilitación. Entré a uno de los salones para la reunión del grupo y ahí encontré a una mujer maquillada en exceso, quien se presentó alegremente como Sandy. Dijo que quería que la conociéramos aunque no se me ocurría por qué habría de interesarme alguien así. Luego empezó a dar todo tipo de detalles sobre sí misma; yo, de verdad, no estaba segura de querer escucharla: "Crecí en un pueblo pequeño con una familia muy amorosa. Fui muy aplicada en la escuela para obtener una beca completa y entrar a la mejor universidad del estado. Me gradué con honores". "Ah, ajá", pensé.

Al acomodarme en el asiento, busqué algo en Sandy que me interesara. Ella sólo siguió hablando: "Llevo trece años de casada y la relación con mi esposo es estupenda. Me enorgullezco mucho de ser una excelente esposa, madre, hermana, hija y amiga". Continué escuchando mientras ella no dejaba de cacarear sobre lo grandiosa que era. Me dieron ganas de ponerme de pie y gritar, "¿Ah sí? ¡Pues qué gusto, señora!" Y entonces pensé que, si seguía prestándole atención por un minuto más, saldría de ahí corriendo como loca. *¡Qué tipa tan engreída!* Y mientras mi letanía de reclamos continuaba, Sandy miraba alrededor tratando de hacer contacto visual con la mayor cantidad posible de personas. Me dio mucho gusto lo fría y arrogante que mantuve la mirada cuando me vio, pero entonces dijo algo que jamás olvidaré: "Ésta es una lección sobre amor por uno mismo. Así es como hablamos de nosotros cuando amamos lo que somos".

Te juro que en ese momento se me cayó la quijada hasta el suelo porque pensé que el tema de la clase era "Cuán engreída y egocéntrica puedo ser". Si el amor por uno mismo sonaba así, en serio que yo jamás lo había escuchado. Era un idioma completamente nuevo y no sabía hablarlo. Y es que, sin darme cuenta, lo que yo practicaba era el odio por mí misma. Jamás podía decir nada agradable sobre mí porque, "Dios no quiera que se lleguen a enterar de la verdad". Siempre pensé que la gente no me creería, me detestaría, estaría celosa de mí o, sencillamente, me juzgaría de la misma manera que yo juzgaba a Sandy. La vergüenza me embargó. Todos descubrirían la verdad: que no era una persona buena y, en realidad, era bastante excéntrica.

Pero lo que yo no pude entender entonces fue que somos una constelación de *todo;* que toda cualidad del universo existe en cada uno de nosotros: oscuridad y luz, bondad y maldad, egoísmo y generosidad. Cuando empecé a entenderlo de verdad, me quedé asombrada porque siempre me había enfocado en lo negativo de mí, jamás en lo positivo. Al darme cuenta de que también tenía cualidades, me inundaron la esperanza y el optimismo, así como imágenes de quién podía llegar a ser en el mundo. De repente todo lo que me cruzó por la mente hizo que mis ojos brillaran.

Rilke escribió: "Tal vez todos los dragones de nuestra vida son princesas que esperan vernos, por una vez, hermosos y valientes. Quizá todo lo terrible es, en el fondo de su ser, algo que sólo necesita nuestro amor". Yo ya tenía suficiente evidencia de que era egoísta, incompetente y estúpida, pero ahora sabía que también contaba con la contraparte de esos defectos. También era una mujer magnífica e inteligente cuyo corazón era tan amplio como el mundo.

Dime, ¿hay algo tan maravilloso como pensar que ésta también podría ser tu verdad? Trata de asimilar lo siguiente: *Eres una mujer sexy, candente y deliciosa, cuya misión como valerosa guerrera es mostrarle a todos ese extraordinario Yo de diosa que eres, y llenar tus reservas con tanto amor que te sea posible ser rechazada por 99% del mundo y, aun así, continuar sintiéndote genial respecto a ti misma.*

Llegó la hora de reconocer tus dones y talentos, de apreciar y honrar todo lo que haces bien. Es momento de buscar lo que te hace única, aceptarte y aplaudir para ti, permitir que brille tu luz. Sé que para muchas mujeres es muy incómodo pensar que son grandiosas, bellas, amables, amorosas o inteligentes, y es particularmente embarazoso aceptarlo en voz alta. Tal vez siempre te dijeron que no fueras presumida o arrogante; tal vez incluso crees que subestimar lo mejor de ti misma te hace mejor persona, literalmente; pero si quieres ser valerosa y convertirte en un ejemplo para todas las que están preparadas para recobrar su poder, entonces debes mostrarle al mundo todo lo que eres. Debes tener agallas para liberarte de las cadenas de la modestia y la mediocridad, y así convertirte en la luz que el mundo necesita.

Lo único que te impide encarnar por completo a todo tu auténtico yo, es el miedo. Éste es el que te dice que no puedes cumplir tus sueños y te advierte no arriesgarte. El miedo te impide gozar de los mayores tesoros; te mantiene viviendo con el Yo que conoces y no te deja expandir ni expresar todo el espectro de tu magnificencia. El miedo te aletarga, no te permite acercarte a la exuberancia y emoción de la vida. La ansiedad te obliga a crear situaciones para demostrarte que esas limitaciones autoimpuestas son la verdad. Para sobreponerse al miedo debes confrontarlo y remplazarlo con amor.

Charlene llegó al Retiro del proceso de las sombras como la persona junto a quien puedes pasar sin notar que está ahí. Era invisible. Tenía los hombros echados al frente y la cabeza colgando; parecía que jamás se había depilado las cejas y además, tenía un tenue bigote sobre el labio superior. Nos dijo que era vicepresidenta de una importante empresa de inversiones. Unos días antes se enteró de que iban a ascender a alguien más al puesto que le correspondía. Una amiga le comentó que la candidata estaba mucho menos calificada y no contaba con tanta experiencia como Charlene. Charlene presionó a su amiga para que le diera una explicación de por qué el consejo de administración estaba tomando en cuenta a alguien así, y su amiga confesó lo siguiente: "Bien, es que ella es veinte años más joven y también es más fotogénica que tú. Quien ocupe el puesto será el rostro de la empresa".

A Charlene se le rompió el corazón porque había trabajado mucho para la empresa. Siempre se quedaba hasta tarde, asumía la responsabilidad de proyectos adicionales, trabajaba los fines de semana y aceptaba cualquier misión que le encomendaran. Llevaba mucho tiempo trabajando así porque deseaba ocupar el puesto que le aseguraría la independencia financiera el resto de su vida. Llegó al taller completamente derrotada y, en realidad, sólo quería reconciliarse con el hecho de que no la ascenderían. Yo, por supuesto, le sugerí levantarse del suelo del fracaso y la insté a luchar por el puesto en lugar de sucumbir ante un futuro inaceptable para ella.

Le pregunté si la forma de vestirse era adecuada para un puesto tan importante en su empresa. Ella, molesta, me dijo lo horrible que era trabajar para una empresa y vivir en un mundo en donde prevalecía lo superficial. Argumentó que, siempre y cuando realizara bien el trabajo, no debería importar si tenía cara de rinoceronte o nariz de puerco. Ella se esforzaba y su desempeño era muy bueno. Pero mientras Charlene siguió despotricando, empezó a percibir la tristeza subyacente en su ira. Se dio cuenta de que se presentaba a trabajar así porque jamás pensó que importara. Le pregunté por qué creía que su apariencia no era relevante en un puesto de tan alto nivel, y contestó que para competir en un mundo de hombres, debía ser tomada en serio y nadie pensara en ella como mujer. Pero claro, había mucho más detrás de esta historia. Debajo de esa creencia, Charlene descubrió que realmente no le gustaba cuidar de sí misma y por eso, para empezar, le había entregado su vida entera al trabajo.

Después de contarme lo anterior, me propuse que nos divirtiéramos. Le pregunté qué haría si su apariencia dejara de ser un problema y se convirtiera en una forma de inspirar al consejo de administración. ¿Cómo se presentaría en once días a la entrevista si fuera una guerrera ejecutiva con el coraje suficiente para reclamar lo que le correspondía por su trabajo? Hicimos una lista. Se cortaría el cabello y se lo teñiría en el mejor salón de Chicago. Luego se haría un tratamiento facial y se depilaría cejas, labios e incluso las partes que oculta la ropa. Llamaría a su mejor amiga, quien tiene un gusto impecable, y le pediría que le buscara un look que la hiciera ver más joven, fresca y, en sus propias palabras, "más sexy". Le sugerí que buscara lencería de encaje, algo que la hiciera sentir muy bien. También contrataría a un entrenador para hacer ejercicio una hora al día y sentirse tonificada y fuerte. Escribiría por qué aquel puesto le pertenecía, por qué merecía el ascenso y no iba a permitir que alguien se lo arrebatara. Practicaría su discurso y ensayaría con tres amigos, quienes actuarían como el consejo de administración y le dirían por qué una mujer más joven y atractiva lo merecía por encima de ella. Practicarían hasta que sus ataques no ejercieran ningún poder sobre ella. Era de gran importancia que no perdiera la calma y no dejara que el consejo de administración tuviera la oportunidad de hacerla enojar.

Charlene tenía que convertirse en su propia fuente de aprobación y creer en sí misma al 100%. Le hablé de la importancia de que empezara a programarse, a transformar los pensamientos negativos y el miedo, en actos positivos de amor por ella misma. Para hacerlo tendría que hacer una lista, todas las noches, de las palabras de amor que se decía y de todo lo hecho durante el día por sí misma con todo cariño. En cuanto volviera al trabajo daría los pasos necesarios para enfrentar su gran día. Charlene se emocionó y se entregó a la idea de sorprender al consejo porque acababa de reclamar su territorio como la valerosa guerrera que era. Yo estaba segura, de corazón, que triunfaría.

Unos meses después Charlene me envió recortes de todas las revistas sobre finanzas en donde se anunciaba su nombramiento como vicepresidente de la empresa.

Ralph Waldo Emerson, escribió: "Lo que eres habla con tanta fuerza, que no puedo escuchar lo que dices". Para sentirte una guerrera valerosa y llena de coraje, debes lucir como tal, cuidarte porque eres una mensajera preciosa e invaluable, reflejar el valor y la estima que te tienes. Llegó la hora de recuperar tu poder, no para tener la aprobación de otros, sino para establecer la forma en que te sientes por dentro. El amor propio es el código de la guerrera y el combustible necesario para llegar a tu futuro con valor y confianza. No hay nada más hermoso que una mujer guerrera que defiende su poder, valor y confianza. Desde una posición sólida, es capaz de amar al mundo de tal manera que puede transformar el dolor en promesa... y el infierno en paraíso.

Tal vez piensas que con actuar o decir las palabras indicadas ya hiciste lo necesario, no debes responsabilizarte de encarnar el mensaje que deseas enviar; pero si crees que puedes decir algo sin defender y aceptar lo que ya eres, es como si estuvieras adornando un pastel de basura. Si la autenticidad no es tu mayor respaldo, cualquier cosa que alguien diga puede hacer que tu confianza se venga abajo en un instante. Todo el tiempo estamos comunicando algo acerca de quiénes somos y de lo que creemos valer, así que, si no tienes el coraje para encarnar ese mensaje a todos los niveles de tu ser, no llegarás a los corazones que esperan ser contagiados.

Todo mundo posee cualidades no siempre fáciles de aceptar, y aunque podría continuar hablando de esto en las siguientes treinta páginas, tendrás que confiar en mí. No hay nada que puedas ver o desear en el mundo exterior, ninguna cualidad, característica o rasgo, que tú misma no tengas. Le pedí a un grupo de estudiantes una lista de las cualidades que negaban poseer, ya sabes, las que provocan que te contonees o ruborices cada vez que las mencionas en voz alta. Fue asombroso ver lo incómodas que se sentían al describir sus cualidades, sin pensar en decirlas.

Mi querida y dulce Isabella,

Eres la luz de mi vida. Tu sabiduría y perspicacia me asombran. Eres una de las personas más cariñosas, compasivas, honestas, confiables, leales, amorosas y generosas que conozco. Tu amor se desborda, y a pesar de que no siempre te has portado bien, te perdono y te digo que te amo muchísimo. Quien te conozca será muy afortunado, tan sólo por ser la persona que eres. Celebro y valoro tu divina presencia.

Con todo mi amor y mi corazón,
Isabella

Querida Emily,

Tu dedicación e infinito cariño al ayudar a la gente para que viva con mayor felicidad y salud, me asombran. Me impactan el tiempo y energía que inviertes en ser cada día mejor. Eres implacable, imparable. Tu inteligencia, tu lucidez para identificar lo que realmente importa, y tu infinita confianza en la bondad de la gente, te convierten en la estrella más fulgurante. Eres prueba viva de que nada es imposible. Tu miedo ha llegado a lastimar a la gente, pero el coraje que has mostrado al ofrecer disculpas, te ayuda a ser una mejor persona. Me asombran tu audacia, valentía e inteligencia. Amo tu generosidad. ¡Eres una mujer guerrera maravillosa, temeraria y decidida!

Con toda mi admiración y afecto,
Emily

Querida Leah,

¿Que por qué te amo? Déjame decirte. Eres amorosa y gentil, divertida, original, apasionada, valiente, creativa y reflexiva, dedicada y llena de inspiración. Eres una mujer guerrera podero-

sa, furiosa y preparada para enfrentar al mundo. Eres una mujer sorprendente, mi mejor amiga. Te quiero.

Con amor,
Leah

Querida Alison,
  Eres un hermoso regalo para el mundo, adoro tu capacidad para amar. Eres magnífica en todo sentido. La manera en que permites que brille tu corazón me hace sonreír de dentro hacia fuera. Iluminas cada habitación con tu hermosa presencia, y esos hermosos ojos azules son tan plenos que toda la gente a la que conoces puede percibir tu amorosa alma. Eres encantadora, dulce y enriquecedora. Eres como una bocanada de aire fresco. Hasta tu forma de hablar es un deleite. Tienes un maravilloso sentido del humor y haces que muera de la risa. Me encanta ver que te compartes de todas las maneras posibles. Te celebro ahora y siempre.

Te quiero,
Alison.

Cuando mis estudiantes leyeron en voz alta sus cartas de amor, cambió la atmósfera de todo el salón. Sus ojos se iluminaron gracias a la fuerza interior y la alegría, y supe que estaban listas para aceptar y desarrollar sus tremendas cualidades. Separamos a las estudiantes en grupos de cuatro personas y las acomodamos de la siguiente forma: tres personas de un lado, y una más sentada al frente, en lo que llamamos el "Asiento del amor". El proceso comenzó con la persona que estaba en el Asiento del amor, quien revisaría su lista de cualidades no aceptadas. Luego, mirando a las tres mujeres que tenía al frente, debía decir en voz alta, "Soy _____".

Soy adorable.
Soy valiente.

Soy fuerte y tengo confianza en mí.
Soy poderosa.
Soy inteligente.
Soy competente.
Soy sabia.
Soy extraordinaria.
Soy imparable.

Cada mujer proclamó sus cualidades, como "Soy imparable", y las otras tres repitieron al unísono, "Soy imparable". La persona que estaba en el Asiento del amor lo repitió varias veces y escuchó el eco hasta que algo cambió en su interior y estuvo lista para aceptar que poseía esa cualidad. El proceso funcionó como si fuera magia. Noté que, cuando algunas de ellas hablaban, en realidad no se creían lo que decían. Tuvieron que respirar hondo para superar el miedo, las objeciones, y a veces, su propia repulsión. Algunas apenas susurraron las palabras, otras lloraron porque se sintieron muy incómodas. Otras negaron con la cabeza al enunciar las cualidades. Pero siempre, en cada ocasión, la persona en el Asiento lograba romper con la renuncia hacia el otro lado. El proceso se convirtió en una celebración intensa de amor. Al final de su momento en el Asiento del amor, muchas de ellas se quedaron de pie en sus sillas gritando...

¡Soy adorable!
¡Soy fuerte!
¡Puedo hacer lo que quiera!
¡Valgo mucho!
¡Soy audaz!
¡Soy una superestrella!

Fue como descorchar la botella de champaña de las posibilidades internas. La alegría y el gozo se sentían en la piel. Me encontraba frente a la transformación que es posible para todas las personas del planeta.

En tu interior vive una guerrera. Está ahí pero ha sido ignorada, reprimida y limitada, por lo que nunca ha podido florecer. Para permitir que tu guerrera tenga una voz, debes volverte irreconocible para ti misma, salir de tu zona cómoda y dejar atrás todos los resentimientos; debes liberar la autoimagen que creaste y a cuya altura siempre quisiste estar. Si te aferras a esa imagen, que seguramente pertenece al pasado, le será imposible surgir a la nueva versión de ti. Recuerda que, dentro de ti, hay una valerosa guerrera esperando cobrar vida.

Si ya hiciste todo el trabajo sugerido en el libro, entonces tu guerrera ya salió. Hiciste cosas que no querías y de las que no te creías capaz. Te arriesgaste, y si continúas así y te das la oportunidad de ser irreconocible, lograrás cosas asombrosas sin planearlo.

En una ocasión trabajé con un grupo de entrenadoras y las desafié a que se hicieran irreconocibles en algunos aspectos de sus vidas. Les sugerí no elegir el que primero les viniera a la mente, sino ese aspecto al que sus corazones o lo Divino, las deseaba guiar.

Evelyn descubrió que estaba usando el mismo *brassiere* de cinco años atrás, antes de divorciarse. A sugerencia mía, fue a Victoria's Secret para que le hicieran una prueba de prendas por primera vez en su vida. A pesar de que había perdido veinticinco kilos, todavía le daba pena que la gente viera su cuerpo; sin embargo, la emoción de arriesgarse y salir de su zona temerosa, acalló sus miedos. Evelyn no se compró el *brassiere* de encaje color rosa intenso que le sugerí, pero me prometió que cuando este libro se publicara, tendría tres de colores candentes.

Molly creció con un problema de aprendizaje que le causó vergüenza y humillación por muchos años. Como se sentía diferente, dañada e imperfecta, siempre se castigó a sí misma por no procesar la información como hacían las demás personas. Y a pesar de que la entrené para considerar que su cerebro era altamente creativo y poseía dones muy particulares, se negaba a dejar atrás su historia, utilizada como un escudo que, por desgracia, le impedía convertirse en una mujer fantástica. Para volverse irreconocible a sus propios ojos Molly buscó en su cerebro una imagen y la iluminó con los colores del arcoíris por todos lados. Cada color representaba alguno de sus dones o talentos. Luego se dio cuenta de que si ayudaba a otros a luchar contra la vergüenza por la forma en que funcionaba su cerebro, ella también sería libre a otro nivel. Entonces visitó una escuela para niños con problemas de aprendizaje y les ofreció una plática sobre la importancia de asumir que sus desafíos eran, en realidad, regalos de Dios.

Raisa, quien pasaba horas escuchando las tragedias de los demás, y preocupándose por los problemas de todos, excepto los suyos, decidió dejar de complacer y ser nana de otros. Una de sus amigas más queridas la llamó y estuvo despotricando durante veinte minutos contra distintas personas (incluyendo gente a la que Raisa ni siquiera conocía). Pero entonces, Raisa reunió valor y le dijo: "Lo siento, realmente no me interesan los asuntos de tus conocidos. Debo colgar porque estoy trabajando en un proyecto personal". Marcar sus límites, y particularmente con el temor de que su amiga se enojara con ella, era algo que Raisa jamás había hecho, así que colgó y comenzó a bailar con gran alegría. Por fin había dicho su verdad.

Aubrey siempre se vio a sí misma como una mujer poco valiosa y sin preparación porque dejó la universidad a tan sólo unas materias de terminar. La vergüenza que eso le producía la aquejó hasta que decidió lidiar con el asunto de una vez por todas. Para ser irreconocible antes sus ojos, Aubrey solicitó el ingreso a una universidad local, empezó a tomar clases, y ahora está esforzándose por terminar su carrera de cuatro años, labor que ignoró y siempre dejó para después durante tres décadas.

Después de ver a su padre trabajar como bestia durante veinte años en una agencia de seguros, para luego morir de un ataque al corazón a los cincuenta y tres, Bree juró que jamás trabajaría para nadie que no fuera ella misma. Ser empresaria la ayudó a sobrevivir, e incluso cuando sus finanzas sufrieron descalabros, siempre ignoró los mensajes Divinos de que consiguiera un empleo. Cuando se propuso aceptar el desafío de ser irreconocible para sí misma, Bree reunió el coraje y la confianza suficientes para solicitar un puesto administrativo en una empresa local de tecnología. Ahora se presenta a trabajar todos los días a las nueve de la mañana en punto.

Tú también tienes el poder de ser irreconocible ante tus propios ojos y de inspirar a quienes te rodean. Sólo imagina lo que será posible para ti, o en quien te convertirás, cuando dejes atrás el miedo y te sumerjas en el extraordinario ser de la valerosa guerrera de la fuerza, el poder, el amor y la confianza plena; la guerrera que trabaja en conjunto con lo Divino.

¿Cómo luce tu guerrera del amor? Date la oportunidad de ver una imagenque nunca olvidarás, la que puedes invocar por las mañanas, las tardes y las noches; una imagen que te haga sonreír, ilumine tus ojos y le brinde emoción a cada una de las milagrosas células que vibran en tu cuerpo. Vive con la idea de que eres un regalo para el mundo. Siente que tu corazón se abre, posees magia, sea con una varita, un báculo, las riendas de tu corcel o cualquier otro símbolo que represente la autoridad que has reclamado al vivir tu vida. Contempla cómo la imagen queda estampada de manera permanente en tu conciencia, y respira hondo mientras dices: "Yo soy una guerrera por amor".

Soy una poderosa guerrera.
Lo acepto.
Me doy la oportunidad de ser un solo ser con lo Divino.
Le permito a mi corazón abrirse a todo lo que existe.
Acepto los poderes mágicos que me son otorgados por ser una
   guerrera del amor.
Soy parte de esta huella tan necesaria.
Me encanta reinventarme.
Me fascina volverme irreconocible para quienes me rodean.
Le entrego mi corazón y mi alma a Dios.

Soy una guerrera del amor y soy suficiente.
Soy una guerrera del amor y soy importante.
Cuando me empeño en ser una guerrera del amor, todo es
  como debe ser.
Acepto mi estandarte, mi misión y el don de ser guerrera
  por amor.
Siempre recordaré que soy guerrera por amor.
Me veo a mí misma como una guerrera por amor.
Soy una guerrera por amor.

Repite estas palabras hasta que sientas la presencia, el ser y la belleza de tu guerrera interior en cada hueso y fibra, en cada centímetro de tu conciencia. Eres guerrera por amor, parte de un grupo de mujeres a las que no se puede vencer; a las que no se puede hacer a un lado; a quienes el miedo no puede doblegar. Este grupo se integró en nombre del amor, con el propósito de servir, sanar y disfrutar totalmente del mundo. Y contigo de nuestro lado, continuaremos el viaje hacia la confianza y el valor divinos.

Y así, terminamos donde comenzamos. Helen Reddy nos dice:

Me puedes doblar, pero jamás quebrar,
porque eso sólo servirá para que esté
más decidida a lograr mi objetivo final.
Y cada vez soy más fuerte.
Ya no soy una novata.
Porque lograste fortalecer la convicción de mi alma.

Soy una mujer, mírame crecer
Mírame, tengo los pies bien plantados
y extiendo mis brazos amorosos por toda la tierra
[...]
[...]
Soy fuerte (fuerte)

Soy invencible (invencible)
Soy mujer

Sí, lo eres.

EL PROCESO DE LA BELLEZA SUPREMA

Disfruta de este proceso durante las próximas dos semanas. Tómate tu tiempo, diviértete y goza. Asegúrate de crear un ambiente sensual, así que apaga el celular, enciende una vela y pon algo de música suave. Trata de que el ambiente evoque tu imaginación y emotividad. Luego, con el puño de la valerosa guerrera, toma la pluma y explora.

1. **Ruborízate un poco:** Haz una lista de las cualidades que posees pero te cuesta trabajo aceptar. Son esos atributos que notas con facilidad en otras personas pero no crees tener; cualidades que te ruborizan o te hacen sonreír cuando alguien las señala en ti. Utiliza esta lista como guía:

   Amorosa
   Generosa
   Inteligente
   Visionaria
   Amable
   Carismática
   Creativa
   Sabia
   Compasiva
   Capaz
   Inteligente
   Profunda
   Inspiradora

2. **Querida y valerosa Guerrera del amor:** Escribe cartas de amor para ti misma, e incluye en ellas por lo menos cinco aspectos de aceptación de tu grandeza. Cuando termines de redactar la carta dale una ligera rociada de tu perfume favorito como símbolo del acuerdo de amor por ti misma.

3. **Haz que tu belleza divina sea aún más evidente:** Identifica qué puedes hacer esta semana para convertirte en un poderoso reflejo de tu Yo superior:

    Ve a maquillarte con un profesional.
    Visita Victoria's Secret para una prueba de prendas.
    Haz una cita con una asesora para asegurarte de estar usando los colores adecuados para ti.
    Blanquéate los dientes.
    Hazte manicura y pedicura.
    Córtate el cabello y hazte un peinado especial.
    Consulta a una asesora para asegurarte de que tu color de cabello complementa tu piel, ojos y atuendos.
    O consiéntete de alguna otra forma extravagante.

4. **Reflejos de valor y confianza:** Date la oportunidad de ver cómo luce tu valerosa guerrera interior. Crea una imagen de ella que puedas ver varias veces al día para reafirmar y sacar ese inmenso poder que vive en ti. Conéctate con la imagen por lo menos una vez en la mañana, en la tarde y en la noche.

5. **Enciende el estéreo:** Crea la música para el maravilloso capítulo que vendrá a continuación en tu vida. Elige canciones que te recuerden tu fuerza, poder, coraje y confianza; ¡canciones que enciendan el amor propio! Visita debbieford.com/courage, donde encontrarás algunas sugerencias.

6. **Tu mantra de valor:** Descubre cuál es esa frase única que te pertenece y puedes usar como mantra para de-

leitarte en la esencia de la valerosa guerrera y crear un vínculo permanente con tu guerrera del amor. Debe ser una frase corta, pero toma en cuenta que será una fuente de poder para ti en los años por venir.

7. **Date la oportunidad de que la belleza suprema te lleve a donde jamás imaginaste:** Asume el emocionante desafío de ser irreconocible para ti misma y para quienes te rodean. Enfócate en un aspecto de tu vida, y luego haz algo que te saque de tu zona de comodidad, algo que jamás pensaste te atreverías a hacer. Sé audaz.

Activación del coraje

¡Llegó la hora de ser divinamente sensual! Compra lencería sexy o algún otro accesorio que te haga sentir candente pero jamás habías usado porque te parecía demasiado para ti. Ponte la lencería (excepto, claro, si ya eres demasiado sexy. En ese caso, busca algo todavía más arriesgado y... cómpralo).

Construcción de la confianza

Sal desarreglada a la calle, hecha un verdadero desastre, y finge que eres la mujer más hermosa del mundo. Deja que todo tu cuerpo resplandezca y vibre con divina confianza. También acepta el desafío de imaginar que estás desnuda al salir (pero claro, no tienes que quitarte la ropa). Los estudios demuestran que cuando imaginas estar desnuda, te mueves con más garbo y mejor postura; sumes el estómago, caminas más erguida y tienes mayor conciencia de tu cuerpo. Te vas a divertir mucho haciéndolo, ¡te lo prometo! Al día siguiente, ¡sal convertida en toda una belleza!

Bonus de coraje y confianza

Entrevista a cinco personas para averiguar qué les encanta de ti. Escribe las cualidades que detectan en tu persona.

El mandato de la guerrera valerosa

AMA TUS MIEDOS

Llegó la hora de amar tus miedos más que a nada, de saber que son la clave para una vida iluminada.

Agradece a tus miedos que siempre te lleven ante la presencia de la limitada mente humana.

Agradece a tus miedos por hacerte contemplar tu vida.

Agradece a tus miedos por recordarte que, dentro de ti, hay una niña que necesita tu amor y atención desesperadamente.

Agradece a tu alma por dejar que estos temores te ayuden a encontrar el camino de vuelta a casa, es decir, a Dios, energía del amor puro que vence al temor.

Ama a tus miedos como jamás has amado nada de ti misma. Bendícelos, hónralos y úsalos como los recordatorios sagrados que son... los que siempre te dicen que debes volver a casa, a tu Yo integral.

AMA TU CONFIANZA

Es hora de que veas a tu confianza como el don divino que, literalmente, cambiará tu vida para siempre.

Ama tu confianza por mostrarte siempre tu verdadero valor, por aceptar tus dones, hablar con la verdad incluso cuando tienes miedo, y por siempre desear que seas más.

Agradécele por ver una versión de ti más allá de la imaginación y por invitarte a un sagrado baile de expresión personal absoluta.

Ama a tu confianza por ser la constante compañía que quiere salir de atrás de la cortina, incluso en medio de los grandes desafíos de la vida.

Agradece a tu confianza por premiarte con la habilidad de reinterpretar tu vida y entregarte mensajes de fuerza y empoderamiento.

Ama a tu confianza por permitirte fingir hasta lograr tus objetivos.

AMA A TU CORAJE

Es hora de amar a tu coraje como si fuera oro puro.

Bendícelo, agradécele cada noche antes de ir a dormir, al levantarte por las mañanas y cada vez que des un paso lleno de valentía; deja que inunde tu cuerpo de esperanza y fuerza.

Agradécele a tu valor, a tu coraje, por brindarte esa visión de ti misma como una valerosa guerrera.

Agradécele al coraje por permitirte crecer y ser tan grande y fuerte como siempre quisiste; por brindarte la fortaleza para compartir tu verdad y ser tú misma de maneras que jamás imaginaste.

Ama a tu coraje por estar siempre ahí, susurrándote al oído: "Debes tomar una decisión importante, y posees la fuerza para hacerlo".

Ámate a ti misma

Cuando el viaje llega a su término, volvemos al amor. Porque, finalmente, si amamos todo de nosotras, si nos bendecimos por completo, si honramos nuestra historia e inseguridades, dudas, preocupaciones y miedos, entonces nos convertimos en esas mujeres que siempre quisimos ser. El mayor acto de coraje es llevar al amor donde no lo hay. Y el mayor acto de amor es llevar coraje a donde no existe, y confianza a donde reina la inseguridad. Ése es el tipo de amor que todos hemos estado esperando, el amor que eres tú.

Ha llegado la hora de hacer el Juramento de la Guerrera Valerosa. Firma al pie de la página. Si no quieres escribir en tu libro, puedes descargar el Juramento de la página debbie-ford.com/courage.

Juramento de la guerrera valerosa

Yo, _____, *ya no* seré esclava de mi miedo.

Jamás dejaré que mis inseguridades, dudas o resentimientos controlen mi poder.

Ya no permitiré que mi pasado defina quién soy. Ahora defenderé a mi Yo superior de manera absoluta.

Dejaré de ser complaciente. Honraré mi verdad legítima.

Dejaré de escuchar la voz de mi yo crítico, temeroso, arrogante y sabedor de todo. Ahora sólo escucharé la voz de ese Yo pleno de coraje y confianza.

Me liberaré del abrumador control de los comportamientos que me vencen y, en cada momento, tomaré las decisiones que me hacen sentir fuerte, poderosa y preparada para enfrentar al mundo, dejar el miedo atrás y dirigirme a la fe.

Hago este juramento *ahora*, como una expresión superior de mi alma, y en nombre de todo hombre, mujer y niño del planeta.

Me libero y, al mismo tiempo, libero a quienes me rodean para que puedan ser ellos mismos, con valor, confianza y legitimidad.

Y ahora, al cerrar los ojos, pido a todos los poderes que existen me apoyen para honrar este juramento cada instante y todos los días.

Así sea, y será.

(Firma aquí)

Agradecimientos

Siempre me siento inspirada por la gente que me ayudó a ser quien soy ahora. Podría llenar un libro con los nombres de todos ellos, pero quiero que sepas: si has sido parte de mi vida o mis programas, entonces me ayudaste a aceptar mi Yo valeroso, esté o no tu nombre en la lista.

Me gustaría agradecer de manera muy personal:

A mi hermana, Arielle Ford, y a mi cuñado, Brian Hilliard, por ser mis agentes y apoyarme para tomar las mejores decisiones.

A mi implacable y genial editor, Gideon Weil, y a todo el fabuloso equipo de HarperOne, por ser los mejores editores que pude tener.

A Julie Stroud, mi manager y asistente ejecutiva, quien trabajó conmigo todo el año para que la publicación de este libro fuera posible. Te agradezco toda tu dedicación y profundas opiniones. Tú me inspiras.

A los extraordinarios ejecutivos del Instituto Ford (Jeff Malone, Kelley Kosow y Pernille Melsted, quienes permiten que todos los días mi obra toque y transforme vidas a través de los programas del Instituto y de los entrenadores que ahí se preparan.

A mis valientes seguidores por todo el amor y cariño que me envían: Suzanne Todd, Rob Lee, Sherry Davis, Joyce Ostin; a mi hermano, Mike Ford, su esposa, Anne, y a su maravillosa familia: Ashley, Eve, Sarah, Tyler y Logan; a Rachel Levy, a los doctores Marin Xavier y Daniel Vicario; Michael Gerrish, Greg Zelonka, Mary Herndon, Amy McGrath y Daniel Bressler.

A los Entrenadores de Integración, a quienes preparé, y participaron en el grupo semanal de Valor: les agradezco compartir sus experiencias, logros y fuerza para que yo llevara sus historias al mundo. Ellos son Alisha Schwartz, Manfred Laube, Frances Fusco, Rochelle Schwartz, Angela Lambert, Cate LaBarre, Elizabeth terPoorten, Eve Blaustein, Kalyn Block, Patricia Menaul, Raye Marske, Debora Bradley, Heather Passant, Debbie Moran, Desy Campbell, Karen Lanser, Marisa Harris, Mary Cunningham, Pia Christensen, Julie Brady, Patrice McKinley, Bette Schubert, Dwight Brown, Anne Porter, Sue Goodwin, Jean Lin, Lorraine Brock, Bonnie Lundrigan, Martina Caviezel, Tessa Brock, Claire Rall, Danielle Eidson, Lulu Mahaini, Christy Lee, Gitte Andersen, Connie Viveros, Katie Carlone y Stacie Schmidt.

A mis queridas amigas Cynthia Kersey de la Fundación Unstoppable, y a Marjorie Morrison, autora de *The Inside Battle*. Gracias por su inspirada visión.

A Nancy Levin, autora de *Writing for My Life: Reclaiming the Lost Pieces of Me*, por su poesía y sus palabras que tanto me inspiran.

Al extraordinario Wayne Dyer por su inspiración y apoyo, y por ser un gran ejemplo de valor para todos.

A Reid Tracy, Margarete Nielsen y al sensacional equipo de Hay House por brindarme una increíble plataforma para mostrar mi trabajo al mundo.

A Geeta Singh y Talent Exchange por organizar con tanto ahínco seminarios de liderazgo y conferencias en todo el mundo.

A Scott Blum, Madisyn Taylor y Daily OM por ofrecer un gran hogar al curso Overcoming Fear que se da en línea.

A Oprah Winfrey, Corny Koehl, Jill Barancik, Lisa Weiss y el personal de OWN, por darme la oportunidad de dar un salto de coraje, salir de la negación y alcanzar la auténtica libertad.

A mi buena amiga Cheryl Richardson por ayudarme a reafirmar a la valiente mujer que hoy soy.

A Sheila Fuerst, mi increíble madre, cuyo coraje ha sido una inspiración para mí desde siempre.

A Beau, mi asombroso hijo, cuyo valor me inspira a correr siempre un riesgo más.

Sobre la autora

Debbie Ford forma parte de la lista de *best-sellers* del *New York Times.* Es autora de nueve libros, y ha sido aclamada internacionalmente como maestra, oradora, entrenadora de transformación, cineasta y experta en el campo de la transformación personal. Ha guiado a decenas de miles de personas extraordinarias, en una búsqueda para aprender a amar, confiar y aceptar lo que son. Debbie es una fuerza pionera en la incorporación del estudio y la integración de la sombra humana, en las prácticas espirituales y psicológicas modernas. Es productora ejecutiva de la película *The Shadow Effect*, un emocionante y visualmente atractivo documental de transformación, que incluye a Deepak Chopra, Marianne Williamson y otros estimulantes pensadores y maestros queridos.

Debbie es fundadora del Ford Institute for Transformational Training, la reconocida organización de entrenamiento personal y profesional que ofrece educación emocional y espiritual sustentada en el trabajo que ella ha realizado con personas e instituciones de todo el mundo. También es la creadora y líder del Retiro del proceso de las sombras.

Conéctate con Debbie en Facebook, la dirección es www.facebook.com/DebbieFordFanPage, en Twitter, www.twitter.com/Debbie_Ford, o a través de www.hayhousradio.com.

Si quieres continuar cultivando tu valor y confianza, deja tu miedo atrás y sumérgete en tu grandeza. Manifiesta amor, abundancia, salud y felicidad; únete a Debbie, a su equipo y a la comunidad de Entrenadores de Integración para que tengas acceso a talleres, cursos en línea, entrenamientos en grupo o privados. O como primer paso, toma en línea el curso Overcoming Fear.

Para mayor información, visita
www.DebbieFord.com
www.TheFordInstitute.com

Este libro se terminó de imprimir en Septiembre de 2012
en Editorial Penagos S.A. de C.V. Lago Wetter
No. 152, Col. Pensil, C.P. 11490 México, D.F.